Ouvir Wagner
Ecos Nietzschianos

Musa
música
volume 3

Dados Internacionais de Catalogação na Publicação (CIP)
(Câmara Brasileira do Livro, SP, Brasil)

Caznók, Yara Borges
　　Ouvir Wagner : ecos nietzschianos / Yara Borges Caznók, Alfredo Naffah Neto. — São Paulo : Musa Editora, 2000.

　　ISBN 85-85653--50-7

　　1. Nietzsche, Friedrich Wilhelm, 1844-1900 2. Ópera 3. Wagner, Richard, 1813-1883 – Crítica e interpretação I. Naffah Neto, Alfredo, 1947- II. Título.

00-2303　　　　　　　　　　　　　　　　　　CDD-780.9

Índices para catálogo sistemático:

1. Música : História e crítica   780.9

Yara Borges Caznók
Alfredo Naffah Neto

Ouvir Wagner
Ecos Nietzschianos

EDITORA

© Yara Borges Caznók,
Alfredo Naffah Neto, 2000

Capa: *Diana Mindlin (com a colaboração de Frédéric Berthélémé) sobre foto de* Amalie Materna, *a primeira Brünnhilde (e também a primeira Kundry) em Bayreuth.*
Reproduções fotográficas: *Lucia Mindlin Loeb*
Editoração eletrônica: *Eiko Luciana Matsuura*
Editoração de partituras: *Luis Felipe de Oliveira*
Fotolito: *Presto*

Rua Cardoso de Almeida, 2025
01251-001 São Paulo SP

Telefax: (0XX)11 3862 2586
(0XX)11 3871 5580

e-mail: musaeditora@uol.com.br
site: www.editoras.com/musa

Impresso no Brasil • 2000 • (1ª ed.)

"Quando nos representamos Rienzi, o Holandês do *Navio Fantasma* e Senta, Tannhäuser e Elisabeth, Lohengrin e Elsa, Tristan e Marke, Hans Sacks, Wotan e Brünnhilde, uma corrente subterrânea de nobreza e de grandeza moral crescente vem atravessá-los e ligá-los, sempre mais pura e refinada; estamos aí – ainda que com uma discrição pudica – diante de um dos devires íntimos da alma de Wagner. Em qual outro artista podemos conceber processo semelhante e de tamanha grandeza?"

Friedrich Nietzsche, *Richard Wagner em Bayreuth*

"*Parsifal* é uma obra pérfida, de baixa vingança, que envenena em segredo as fontes da vida. É uma *má obra*. Pregar a castidade é incitar a contranatureza. Eu desprezo todo aquele que não sente Parsifal como um ultraje aos costumes."

Friedrich Nietzsche, *Nietzsche contra Wagner*

Sumário

Apresentação 9

Ouvir Wagner (Yara Borges Caznók)
  Ouvir Wagner 17

Ecos Nietzschianos (Alfredo Naffah Neto)
  1. Nietzsche interpreta Wagner – das brumas do
     Santo Graal rumo à alegria cigana de Bizet. 89
  2. O sentido das mortes e transmutações n'*O Anel
     dos Nibelungos* – as múltiplas máscaras de Wotan. 103
  3. Piedade e devoção no herói casto e tolo – *Parsifal*
     e a restauração do Reino Sagrado. 123

Este livro originou-se de um seminário ministrado no Programa de Estudos Pós-Graduados em Psicologia Clínica da PUC de São Paulo, oferecido pelo Núcleo de Estudos e Pesquisas da Subjetividade, no segundo semestre de 1994 (tendo se repetido no primeiro semestre de 1995). O título do seminário era: "Nietzsche & Wagner: a ópera como reencarnação do espírito trágico" e fazia parte de uma série de atividades (incluindo outros seminários, conferências, palestras etc.) em que se procurava estudar e caracterizar o trágico, nas suas diferentes formações, sua visão de mundo, suas formas de subjetivação.

Na época, eu reunia as funções de coordenador do Núcleo e de professor responsável por tal seminário. Sabia que a minha paixão pela ópera – com tudo que me propicia em matéria de estudos e conhecimentos – não me dava competência suficiente, em termos musicais, para empreender sozinho tal projeto. Minha primeira providência foi, pois, convidar a professora Yara Borges Caznók para que, juntos, embarcássemos nessa aventura. A idéia era partir das considerações de Nietzsche sobre Richard Wagner, como forma de realizar um mapeamento provisório da sua obra e diferenciar o Wagner-músico/poeta trágico do Wagner-músico/poeta cristão, como primeiro passo para caracterizar esses dois tipos de produção musical e poética. Obviamente, sabia que inclusive esse ponto de partida deveria ser referendado pelo trajeto posterior de nossa pesquisa.

Essa primeira diferenciação apontou a tetralogia O Anel dos Nibelungos *e* Tristão e Isolda *como as principais obras da produção de inspiração trágica e* Parsifal *como a principal obra da produção de inspiração cristã.* Como nosso tempo de seminário não seria muito grande, convinha escolher entre as obras. Dentre os critérios de escolha, o primeiro foi estético: embora eu considere Tristão uma das obras-primas de Wagner, não havia na praça um vídeo disponível, que eu considerasse satisfatório sob o ponto de vista visual e auditivo. Isso era fundamental, na medida em que um dos principais objetivos do seminário era propiciar aos alunos a experiência estética (visual/auditiva) das obras estudadas[1]. Por isso a escolha recaiu sobre O Anel[2]. Entretanto, sabia que não teríamos tempo para assistir aos seus quatro drama-musicais, nem tampouco analisá-los; então, d'O Anel selecionei A Valquíria. A análise de Parsifal impôs-se, desde o início, como um ponto de passagem necessário[3].

Embora combinássemos, desde o início, que Yara se incumbiria mais *da análise musical das obras, cabendo a mim* mais *a parte literária (os libretos),* ambos sabíamos do perigo ou quiçá da impossibilidade desse tipo de divisão, em se tratando de Richard Wagner e do seu projeto de obra de arte total. *Sabíamos, pois, que ela tinha um cunho meramente didático e que designaria mais o nosso ponto de entrada nas obras, do que a extensão dos nossos percursos. E assim se fez.*

---

1. O video-laser de *Tristão e Isolda* produzido em Bayreuth, dirigido por Jean-Pierre Ponnelle, com regência de Daniel Barenboim (Philips, 070 509-1) resultou insatisfatório especialmente do ponto de vista musical: tanto os dois cantores principais quanto o regente não me pareceram fazer jus às exigências da obra. Afora esse, eu possuía um video-cassete (distribuído pela *Bel Canto Society*, de Nova York), com Birgit Nilsson e Jon Vickers nos papéis-título e Karl Böhm na regência; este, embora fosse bastante melhor do ponto de vista estético, possuía um defeito sério: legendas em japonês, o que dificultaria bastante a audição e acompanhamento da obra por parte dos alunos.

2. Nesse caso, a produção do *Metropolitan Opera*, com regência de James Levine, disponível em video-laser, resultava bastante satisfatória esteticamente falando, tendo inclusive a vantagem dos cenários e figurinos tradicionais, muito convenientes para um primeiro contato com a obra (essa era a condição da maioria dos alunos).

3. Escolhi a produção de Bayreuth, dirigida por Wolfgang Wagner e regida por Horst Stein (video-laser Philips 070 510-1), também em função dos cenários e figurinos tradicionais.

Da experiência resultante dos dois semestres de seminário nasceu este livro, não como expressão completa de tudo o que se fez e realizou, mas como uma seleção do que se julgou importante transformar em texto e editar.

A organização do livro seguiu a produção espontânea de ambos os autores. Assim, ele se divide em duas partes: a primeira compõe-se de um ensaio escrito por Yara e denominado Ouvir Wagner, onde a tônica é a música wagneriana, a revolução artística que provocou na história da música (da ópera, em particular), sua forma de construção musical e o impacto que produz sobre o ouvinte, detendo-se particularmente na análise musical d'A Valquíria e de Parsifal.

A segunda parte, escrita por mim, denominada Ecos Nietzschianos, compõe-se de três ensaios. O primeiro deles, uma espécie de introdução aos outros dois, denominado "Nietzsche interpreta Wagner – das brumas do Santo Graal rumo à alegria cigana de Bizet", introduz a polêmica Nietzsche – Wagner, para selecionar dela um acontecimento: a guinada que Nietzsche operou, de Wagner em direção à Carmen de Bizet, nas suas pretensões de reencontrar e restaurar a arte trágica. Examina, também, brevemente, o sentido desta última na contemporaneidade. O segundo, denominado: "O sentido das mortes e transmutações n'O Anel dos Nibelungos: as múltiplas máscaras de Wotan" descreve e caracteriza a forma de produção poética/musical eminentemente trágica d'O Anel dos Nibelungos, através das transformações do seu herói principal: o deus Wotan. Por fim, o terceiro e último, denominado: "Piedade e devoção no herói casto e tolo – Parsifal e a restauração do Reino Sagrado" procura discriminar a forma de produção artística anteriormente descrita daquela que caracteriza Parsifal – de inspiração eminentemente cristã – caracterizando as diferentes temporalidades poético-musicais encarnadas pelas duas obras e avaliando o sentido de Parsifal no mundo contemporâneo.

Tanto as aulas do seminário quanto a escrita deste livro significaram para mim uma experiência de raro prazer. Espero que a experiência de lê-lo possa gerar outra equivalente. Cabe ao leitor, entretanto, a mesma advertência feita aos alunos do seminário: sem um *conhecimento prévio – experiencial/estético – das obras aqui discutidas, será impossível acompanhar e compreender os ensaios que as tematizam. Aconselho a todos, pois, o prazer de deixar-se* atravessar *por elas (senão no teatro, ao vivo, pelo menos através dos vídeos disponíveis), antes da leitura do livro.*

ALFREDO NAFFAH NETO

Ao ser convidada pelo professor Alfredo Naffah Neto para trabalhar na parte musical do curso, tive a grata surpresa de saber que:

1) estaríamos ouvindo e comentando A Valquíria *e* Parsifal *integralmente, fato raríssimo em qualquer curso, inclusive naqueles oferecidos pelas graduações e pós-graduações em música;*

2) os objetivos do curso dependiam da experiência auditiva para a sua realização. Isso significa que a parte musical não foi usada como mera ilustração ou estratégia auxiliar (é terrivelmente frustrante para qualquer musicista quando isso se dá). A audição foi, nesse caso, um conteúdo;

3) a escuta musical na formação de profissionais da área de psicologia clínica (também "profissionais da escuta") estava, finalmente, sendo reconhecida e valorizada.

Assim sendo, só tenho a louvar e a agradecer a iniciativa e a coragem de Naffah. Gostaria de agradecer também a Cláudia Meirelles Reis, companheira nas escutas wagnerianas.

Espero que este livro seja uma espécie de "curso por correspondência", ou seja, que ele seja capaz de fazer ouvir Wagner e refletir sobre Wagner e Nietzsche tanto quanto aqueles que participaram do curso.

YARA BORGES CAZNÓK

Ouvir Wagner

Yara Borges Caznók

Ouvir Wagner

Não vou aqui reescrever nem comentar a vida e as idéias de Wagner em relação à política, à revolução social e cultural, à filosofia, ao anti-semitismo, à religião, à literatura e ao teatro grego. Tudo isso já foi exaustiva e competentemente realizado por uma legião de pesquisadores com tamanho afinco que a bibliografia hoje disponível é uma das mais privilegiadas em quantidade e qualidade.

Concentrar-me-ei na questão da *audição* da obra wagneriana, sabendo de antemão que, se por um lado esta é uma tarefa extremamente particularizada e que portanto não é possível nem desejável que se pense em "receitas" tais como os famosos guias "como ouvir e entender tal compositor", há, no entanto, elementos constitutivos da obra que se apresentam ao ouvinte como objetivos, compondo sua materialidade e sua resistência. Isso quer dizer que, por mais que se insista na fruição subjetivante de um objeto artístico, o receptor terá que pisar no solo que a obra lhe apresentar e permitir caminhar, ou seja, terá que considerar o mundo objetivo e concreto que esta obra também é. Transpondo para a terminologia musical, a "fisicidade" de uma obra se impõe ao ouvinte por meio de alguns fatores determinantes: repertório de sons (notas musicais e/ou ruídos) e de timbres utilizado pelo autor, presença ou ausência de estruturação rítmica e/ou melódica e/ou harmônica, e resultantes formais (articulações entre micro e macro estruturas), para citar apenas ou mais identificáveis.[*]

---

[*] Os termos musicais marcados com um asterisco encontram-se, a partir da página 74, explicados em um pequeno glossário.

É dentro dessa moldura, estabelecida pelos parâmetros acima citados, que se realizam diferentes atributos presentes numa audição tais como imaginação, criação, evocação de sentimentos, memória ou desejos, dentre inúmeros outros. A adesão ou a recusa a determinado repertório ou obra específica são uma prova de que essa moldura se impõe ao ouvinte, mesmo que ele nem tenha conhecimento de sua existência.

Assim sendo, todas as possibilidades auditivas aqui levantadas consideram a realidade sonora das obras analisadas, mas nem por isso deixam de ser *possibilidades*, pois como disse Octávio Paz, "a forma (neste caso, a moldura) é pele, não prisão do pensamento".

Seria desejável que o leitor, sempre que possível, confrontasse as situações aqui descritas com sua própria experiência auditiva. Em outras palavras, peço-lhes que, concomitante à leitura destas páginas, *ouçam* a música de Wagner.

Experiências de tempo

Tarefa nem sempre fácil, a audição da obra de Wagner traz, tanto no meio dos aficionados quanto no dos anti-wagnerianos, questões polêmicas que resistem a um consenso. Dentre elas, algumas tornaram-se cruciais para a música de hoje.

A primeira e talvez a mais reconhecível em razão do visível cansaço auditivo que toma um bom número de ouvintes seja relativa à duração total de um drama wagneriano: longo demais, sufocante, a ponto de não dar chance do ouvinte "respirar", arrastado e denso são algumas das queixas mais freqüentes. Sem dúvida, o número de horas e de concentração requisitado por *Götterdämmerung* (O Crepúsculo dos Deuses) pode ser considerado excessivo para os moldes ocidentais atuais, mas o que importa sobretudo nesse esforço auditivo é a maneira como o ouvinte experimenta a passagem do tempo. Diferentes qualidades de concentração e de memória, maneiras especiais de preencher o momento da audição serão vistas como aspectos indicadores de uma vivência de tempo que se realiza por meio da música.

Dependente da dimensão temporal para sua instalação no mundo, a música traz para o ouvinte diversas, simultâneas e, às vezes, contraditórias formas de perceber o tempo, e, para melhor compreendermos como essa questão se torna aguda nos dramas musicais wagnerianos, é preciso ter em mente que, *grosso modo*, a linguagem musical que o Ocidente desenvolve a partir do século XVII caracteriza-se por uma concepção de tempo direcional, isto é, a sucessividade dos sons é vivida de forma projetiva e antecipadora. Essa tarefa o ouvido só pode realizar se estabelecer um "antes", um "durante" e um "depois" e nesse contexto um evento sonoro relaciona-se com seus antecedentes e conseqüentes de maneira linear e causal, não sendo possível trocá-lo de lugar sem prejuízo para o sentido da obra em sua totalidade (Koellreutter, 1990).

Localizar-se no tempo foi e é uma das grandes preocupações do homem ocidental e por essa razão há uma quantidade enorme de peças que recebem os nomes de Prelúdio, Introdução, Abertura, Interlúdio, Poslúdio ou *Finale*. Essas denominações originalmente referiam-se à função temporal desempenhada por essas peças numa determinada seqüência, sinalizando suas posições no decurso temporal: precediam, intermediavam ou encerravam um todo maior.

O significado de referência temporal que receberam essas peças em termos de macroforma pode ser encontrado também nas estruturas internas de uma obra que explore essa vivência de tempo linear. Encontramos na Forma Sonata, por exemplo, dois temas principais que se remetem temporalmente um ao outro. Ao primeiro tema (portanto anterior) se seguirá o segundo tema (posterior). Além disso, esses temas, via de regra, são construídos de maneira a propiciar uma sensação de delineamento temporal que se expande em direção a um desenvolvimento e se contrai em seu fechamento, ou seja, essa pequena faixa temporal tem em si um início, um meio e um fim. A denominação "arco melódico" é, nesse sentido, bastante apropriada e útil.

Exemplo 1

Mozart, Sonata em Do M, K545 (1788) - Primeiro Tema

Nesse exemplo, as linhas pontilhadas assinalam unidades estruturais menores (semifrases) que, em suas posições temporais não cambiáveis de antecedente e conseqüente, compõem o sentido total em termos fraseológicos. O arco melódico (frase/tema, nesse caso) é assinalado pela linha contínua.

O ouvinte, nessa situação, será guiado principalmente pela expectativa, pela possibilidade de, em uma experiência presente, imaginar um futuro. Arcos melódicos abrem-se quando uma expectativa se insinua e seu fechamento depende da satisfação – total ou parcial – do que foi imaginado e desejado.

Esse desejo de completude é vivido não só em frases ou temas mas sobretudo em lapsos maiores de tempo, tais como partes inteiras de uma obra (movimentos) ou o conjunto total de movimentos constituintes. Uma obra termina quando seu grande arco formal foi levado a termo, isto é, quando todas as expectativas provocadas por ela foram resolvidas.

Ouvintes capazes de observarem-se durante o ato de audição de obras, principalmente do século XVIII, poderão facilmente reconhecer esse jogo dinâmico de forças que ora tensionam e ora acalmam, que ora desestabilizam e ora referenciam seu percurso perceptivo.

Tecnicamente falando, a estrutura musical que possibilita e sustenta essa maneira de ouvir é a Harmonia Tonal*. É por meio da combinação simultânea e sucessiva das notas que o compositor cria sonoramente as sensações de "antes e depois", de expectativa e de resolução. Mais do que um simples elemento musical, a harmonia tonal é um *corpus* teórico extremamente coerente e sistematizado e encerra em si uma visão de mundo hierarquizada na qual dualismos tais como dissonância (ouvida como tensão) e consonância (esperada como repouso), ou tempo forte (apoio) e tempo fraco atuam como propulsores dessa sensação de tempo que caminha, que confirma seu fluir em sua finalização.

Na segunda metade do século XIX, essa concepção de tempo não mais comporta anseios tipicamente românticos tais como o desejo de infinitude, a transcendência dos limites físicos, a experiência da concomitância e da interpenetração de tempos internos e externos. Começam a se fazer ouvir os tempos do sonho ou do pesadelo, da infância, da embriaguez, do incomensurável e do inapreensível, que afastam a idéia da irreversibilidade temporal. Os arcos melódicos e formais esgarçam-se, fragmentam-se, não mais conduzem: arremessam o ouvinte para o terreno das incertezas, das suspensões, dos sobressaltos e das tensões acumuladas. Acordes dissonantes adiam ou evitam resoluções previstas, a pulsação métrica que ordena racionalmente o tempo perde sua força, fragiliza-se a quadratura fraseológica, linhas melódicas tomam caminhos inusitados e "incoerentes", provocando e intensificando a sensação do inconcluso e do indefinível.

Como exemplo dessa outra situação melódico-temporal, sugiro ouvir a Introdução e o Primeiro "Tema" da Sonata Opus 111 (1822/23) de Beethoven (compositor caro a Wagner) e compará-los com o Mozart K 545 (exemplo nº 1). Nítidas são as diferenças entre as duas propostas e decorrentes vivências temporais.

Outros exemplos esclarecedores são o *Intermezzo* Opus 118, nº 6, de Brahms e a peça *In der Nacht* da obra *Fantasiestücke* Opus 12 de Schumann, ambos para piano solo. É no centro dessas transformações, cujos resultados sinalizam um outro tipo de relacionamento obra/ouvinte que se insere a obra de Wagner. Em suas primeiras "óperas" (*Die Feen, Das Liebesverbot e Rienzî*) o questionamento da vivência temporal direcional ainda não está explicitamente presente. Isso começa acontecer com *O Navio Fantasma* e, num crescendo, torna-se não só característico de seu estilo mas, sobretudo, condição essencial para a fruição de todo o repertório musical posteriormente criado.

Ouvir o tempo de outras maneiras que não somente a discursiva e direcional é o que me parece ser a chave dos dramas musicais wagnerianos e é sobre essa hipótese que trabalharei, tomando como material principal de análise o ciclo O *Anel dos Nibelungos* – em especial o segundo drama, *A Valquíria* – e *Parsifal*, sua última obra.

Experiências de concentração

Nos séculos XVII e XVIII, especialmente na Itália, era comum que a duração total de uma ópera chegasse a quatro ou cinco horas, mas nelas o espectador tinha a liberdade de entrar e sair da sala de espetáculos para conversar, comer, ler e até mesmo para jogar cartas e discutir assuntos políticos e financeiros. Somente os trechos mais famosos e os solistas mais competentes conseguiam o silêncio e a adesão de cem por cento da platéia. Essa prática, que hoje em dia nos parece totalmente descabida, revela importantes pistas sobre a maneira de perceber a música daqueles períodos. Pode-se supor que o habitual fosse uma experiência de acompanhamento não continuado, cuja dinâmica se assentava sobre um processo de intermitência da concentração, ora focalizada na obra, ora distante dela. Tratava-se, assim, de um ouvinte presente e ausente ao mesmo tempo. Esses afastamentos resultavam em um renovamento não só da atenção, mas também do ânimo físico: o espectador revezava os objetos de sua atenção e por isso o risco de um cansaço físico e/ou auditivo estava descartado.

Havia ainda o costume de interromper a obra com aplausos e ovações em determinados pontos. Esses eram momentos nos quais a emoção chegava a seu ápice e sem demora era externada. Isso propiciava uma espécie de "recomposição emocional", de desafogo, evitando que o acúmulo de tensões físicas e perceptivas chegasse a um nível impossível de ser tolerado. (Observa-se que algumas platéias, ainda hoje, têm esse costume, sobretudo com repertório italiano romântico.)

Importantes testemunhos sobre esses procedimentos nos foram deixados por compositores e libretistas, dentre os quais Metastásio, considerado um dos melhores libretistas do século XVIII. Consciente dessa presença/ausência da platéia, Metastásio criava libretos cuja estrutura permitia que afastamentos e retornos acontecessem sem que houvesse uma perda na compreensão total da obra. Sobre uma narrativa fixa (recitativos) que geralmente apresentava um mito ou fato histórico já conhecido, incluíam-se os números soltos (árias, duos, coros etc.). O espectador desatento, ou mesmo ausente da sala, seguia o desenrolar da ópera com uma atenção periférica e, valendo-se do fato de já saber o conteúdo encenado, conseguia se localizar temporalmente para entrar nos momentos certos. Era uma escuta à distância, um hábil jogo de figura e fundo auditivo extremamente desenvolvido, no qual o fundo era composto por elementos estranhos e alheios à figura.

As árias eram os momentos mais prestigiados de todo o espetáculo. Não só porque traziam novidades musicais e interpretativas mas principalmente porque seus conteúdos privilegiavam a expressão das emoções. (Vale lembrar aqui que estamos tratando de música e texto e não de música "pura".) Muito importantes no que se refere ao extravasamento "programado" das paixões e dos afetos, evitando assim a monotonia ou o excesso de tensão, essas árias estabeleciam uma verdadeira tipificação dos sentimentos, nomeando-os e identificando-os com características musicais especiais também codificadas. Era desejável que uma ópera tivesse o seguinte "repertório" de afetos: ternura (ária *cantabile*), agitação (ária *parlato*), seriedade (ária meio patética), entusiasmo (ária de bravura) e comoção (ária patética). Destas cinco árias que, segundo Metastásio, constituíam o conjunto de emoções centrais de uma obra, derivavam incontáveis variantes: ária *di vendetta* (vingança), ária *di furore* (furor), ária de inveja, de esperança, de desejo, de luto, de terror (ária *d'ombra* ou de espectros do outro mundo), lamentação (*lamento*), tristeza e solidão (ária de túmulo). Além disso, elementos da natureza eram associados aos sentimentos e, assim, as *arie di tempesta* tratavam das paixões mais violentas e tumultuadas, enquanto que as árias bucólicas traziam a expressividade dos amores inocentes e idílicos.

Essa forma de limitar temporalmente a vivência de um sentimento (a duração de uma ária), acrescido do fato de ele já ter sua identidade definida de antemão, dava ao ouvinte a sensação de controle quase que absoluto sobre aquilo que estava sendo experimentado. Excessos e arrebatamentos emocionais tinham espaço e tempo públicos para serem externados e, via de regra, esgotavam-se nesses limites.

Observa-se também que o que hoje concebemos como *unidade e organicidade* de uma obra não era, para essa platéia, um critério a ser atingido por meio da concatenação seqüencial das várias cenas e atos de uma ópera. Não se ouvia a obra em sua duração total para depois percebê-la como una. Tratava-se da vivência de pequenas e inúmeras unidades propiciada pelos números isolados que não sem razão eram também chamados de números fechados. Eles permitiam que as sensações de unidade fossem se "fechando" em curtos períodos de audição.

A fragmentação do todo nessas pequenas unidades, não necessariamente coordenadas entre si, favorecia a autonomia de alguns números (geralmente árias) a tal ponto que a inclusão em uma ópera de trechos que não pertenciam a ela era prática comum. Intérpretes tinham grande liberdade para "montar", com suas árias mais famosas – as árias de baú[1] –, uma obra bastante diferente daquela que originalmente havia sido criada.

Sucessivas reformas (a da *Accademia dell'Arcadia* e a de Gluck) e querelas (a dos *bouffons*, a de Puccini e Gluck, por exemplo) tangencialmente limitaram, mas não eliminaram esses "abusos" e liberdades da platéia e dos intérpretes.

Resquícios desse comportamento chegaram até o século XIX mas, à medida que as transformações socioculturais avançaram, esse

---

1. Árias de baú: Assim chamadas porque eram efetivamente carregadas na bagagem do intérprete como uma peça solta, a ser encaixada em sua próxima apresentação. Algumas delas tornaram-se "marca registrada" de determinados cantores, como, por exemplo, a ária do "Rouxinol Enamorado", cantada por Farinelli, um dos mais famosos *castratti* do período barroco.

relacionamento começou a ser considerado – inclusive pelo próprio público – superficial, frívolo e desrespeitoso para com os compositores. Especialmente para Wagner, essa atitude "burguesa" e leviana deveria ser erradicada totalmente e, investindo contra ela toda sua força, exigiu o nascimento de um novo ouvinte, capaz de uma outra qualidade de concentração, de uma nova experiência espaço-temporal e de um posicionamento não referenciado *a priori* frente ao mundo das emoções[2]. Pouco a pouco foi sendo exigida do ouvinte e dos intérpretes uma atitude de reverência que passou a julgar como incômoda e inculta qualquer tipo de interrupção de uma obra. O público, assim, teve que aprender a guardar para si suas inquietudes físicas e seus desejos de extravasamento imediato de emoções, a manter sua atenção ocupada por um só assunto e a ouvir, pacientemente, uma obra que necessita de um lapso de tempo maior e ininterrupto para se mostrar coerente e orgânica. Aprendeu ainda que, para ser um público "educado", seu comportamento deveria basear-se na não manifestação individual, ou seja, teve que submeter-se à ditadura do silêncio físico e emocional durante o desenrolar das cenas, deixando o entusiasmo das palmas, as lágrimas ou as vaias para quando as cortinas se fechassem.

Para que tal objetivo se realizasse, Wagner eliminou de seus dramas a possibilidade de interrupções. Não só números isolados e recitativos, mas também frases e períodos musicais foram fundidos em um todo indivisível e encadeado de tal sorte que não é possível estabelecer claramente o início ou a finalização de cada um deles. Esse procedimento de elisão, de supressão de hiatos que podiam permitir o fechamento de pequenas unidades e manifestações da platéia, revela que o compositor concebia as vivências internas despertadas pela música como um *continuum* e que a

---

[2]. Poder-se-ia pensar que Nietzsche talvez tivesse vislumbrado, nesta nova maneira de ouvir, a possibilidade de uma "audição trágica". Para uma melhor compreensão do que seria essa audição trágica, consultar, neste volume, o capítulo intitulado *Nietzsche interpreta Wagner: das brumas do Santo Graal rumo à alegria cigana de Bizet*, de Alfredo Naffah Neto.

consciência dessa não fragmentação e não periodicidade dos conteúdos emocionais deveria ser atingida por meio de uma obra também contínua. Diferentemente da sensação provocada pelos arcos melódicos e formais clássicos, que localizam e "ordenam" os momentos de repouso, os pontos culminantes e suas resoluções dentro de um lapso de tempo razoavelmente curto, a melódica wagneriana prima pelo fechamento (quando há) sempre retardado, cuja espera às vezes se torna quase que insustentável, e pelo *enjambement* freqüente de motivos e de frases que resultam numa sensação de constante procura de referências nunca satisfeita. A "melodia infinita" visa, justamente, ao esfacelamento de uma superfície limitante que, em confronto com a natureza de um processo emocional que se concebe ininterrupto e ilimitado, se mostra falsa e frágil. Os afetos, nessa música de superfície rompida, não mais se apresentam de maneira periódica e circunscrita, também sofrem elisões e se amalgamam num fluxo infinito no qual parecem vagar, sem nunca se fixarem definitivamente.

Ao mesmo tempo que há essa supressão de periodicidade, há ainda o fato de, no século XIX, a tipificação e a catalogação das emoções não mais convencerem artistas e público. O que se almejava era justamente a vivência de sentimentos indefinidos e ambíguos, que não se moldavam a uma nomeação. Quanto mais vago e instável em sua identidade, mais poderoso seria esse afeto em sua tarefa de tomar por inteiro o ouvinte, deixando-o sem recursos para um possível controle. Arrastar o espectador para um êxtase e deixá-lo, indefeso, à deriva emocional, era uma das grandes habilidades de Wagner.

Como resultado, o que encontramos em seus dramas musicais são vastos campos afetivos que atravessam a obra do começo ao fim, entrecruzando-se e enredando-se uns nos outros continuamente. Nascidos da perfeita união entre texto e música, esses campos não se estabelecem pela univocidade e pela estabilidade. Ao contrário, apresentam-se, incomodamente, tendentes a um hibridismo e a uma contrariedade constantes: afetos díspares em sua aparência são sobrepostos ou *enjambés* e propiciam ao ouvinte um contato e uma convivência com conteúdos emocionais em constante metamorfose e indefinição.

Um bom exemplo dessa situação encontra-se já no Prelúdio do primeiro Ato d'*O Ouro do Reno* que se inicia com a nota fundamental* de um acorde único que será ouvido durante aproximadamente quatro minutos (na regência de Georg Solti são exatos quatro minutos e quatorze segundos). Durante esses minutos, nos quais "nada" parece ter acontecido, pois não ouvimos nenhuma melodia, muito aconteceu em termos harmônicos. São 136 compassos que partem de uma situação de repouso, sobre o acorde de Tônica* e, sem abandoná-lo, a sensação inicial de tranqüilidade vai sendo transformada em tensão máxima. Ouvimos esse mesmo acorde desdobrar-se em arpejos*, notas de passagem* aparecem, os valores de duração diminuem, há uma direção ascendente tanto nos timbres instrumentais quanto na linha melódica, há, enfim, uma razoável movimentação musical. Mas, harmonicamente falando, como estamos o tempo todo "no mesmo lugar" pois não saímos do acorde de tônica, o tempo nos parece excessivamente longo e arrastado, alterando gradativamente a impressão de calma em angústia sempre crescente. O ritmo harmônico*, responsável pelo dinamismo das sensações de aceleração e/ou desaceleração do discurso musical, aqui não existe concretamente, pois não temos outros acordes soando e o efeito de sua ausência é ainda mais contundente quando nos damos conta de que caminhamos sem ele.

Habituar-se a esse tipo de experiência requer esforço. Não há mais a reconfortante sensação de segurança causada pelo reconhecimento dos conteúdos emocionais e/ou musicais que, agora, por não mais se apresentarem como estáveis, obrigam os ouvintes a um trabalho de re-significação permanente. É preciso ainda suportar a angústia de estar num fluxo temporal cujas características principais são a não previsibilidade que suspende os desejos de resolução e o revezamento acelerado de pontos de referência cuja transitoriedade reforça ainda mais a sensação de flutuação temporal. A sensação de unidade só é atingida depois de muito empenho e de muitas horas de acompanhamento cerrado e ininterrupto. As antigas liberdades que permitiam afastamentos e retornos não têm mais serventia nessa música.

A partir da obra de Wagner, temos instalado um novo tipo de concentração musical. Não mais a periférica e intermitente, mas a de imersão total, como condição essencial de relacionamento. Ou se entra por inteiro ou se abandona a obra de uma vez. Por essa razão, o repertório wagneriano nunca se prestou a ser música de fundo ou música ambiente. Mesmo em arranjos unicamente orquestrais, ele exige exclusividade de atenção.

Vê-se, assim, que o cansaço auditivo anteriormente mencionado está relacionado não ao número de horas gasto na apreciação de um drama musical wagneriano, mas sim à maneira como se experimenta essa duração total, ou seja, que atitudes auditivas e que conteúdos emocionais são exigidos para o preenchimento da mesma.

Recursos dramático-musicais: os *Leitmotive*

O mais famoso dos recursos dramático-musicais utilizados por Wagner – o *Leitmotiv* – é também o mais suscetível de reduções interpretativas. No centro dessas reduções está o hábito de se tomar a parte pelo todo, esquecendo-se de que um *Leitmotiv* existe em função de um contexto do qual não pode se separar. Gravações que trazem um *potpourri* de motivos famosos, visando facilitar e reduzir o tempo da escuta, induzem o ouvinte a aceitá-los como melodias autônomas, quase como se fossem números fechados. Isso, além de desrespeitar e mutilar a obra, destitui os *Leitmotive* de sua característica principal que é o enredar-se no todo, privando-nos de experiências auditivas que só podem se dar com e a partir deles.

Leitmotiv/Grundmotiv

Embora usados, às vezes, indistintamente, pois referem-se ao mesmo material musical – os motivos* – esses dois termos assinalam posicionamentos distintos no que se refere à sua utilização numa obra.

Wagner, ao comentar sua técnica de composição, prefere o termo *Grundmotiv* (motivo fundamental). Considera-o um elemento fundante da estrutura composicional a partir do qual os procedimentos de derivação, aumentação, diminuição, interpolação e/ou transformação poderão ocorrer. Essa concepção nos introduz diretamente às preocupações do *compositor*, envolvido com questões formais de desenvolvimento e unidade de sua criação. É um ponto de vista de quem está "dentro" do processo de elaboração, lidando com as estruturas internas que sustentarão a coerência de seu discurso dramático-musical.

O termo *Leitmotiv* (motivo condutor), no entanto, revela uma outra situação, aquela do *intérprete*, do *analista* e/ou do *ouvinte*. Seu contato inicial é com uma obra já acabada e sua apreensão se dá a partir das resultantes formais encontradas pelo compositor. No caso de desenvolvimentos motívicos, espera-se que essa pessoa que esteve "fora" da fase de construção da obra, seja capaz de memorizar o motivo original e reconhecê-lo em suas referências, conduzindo o ouvinte em sua tarefa de compreensão auditiva.

Mesmo consciente dessa função condutora dos motivos, Wagner não os denomina *Leitimotiv*, mas *Grundmotive*, o que nos leva a pensar que o verbo conduzir (*leiten*) pode apontar para pelo menos duas situações, complementares ou não.

Uma primeira, na qual os motivos cumpririam a função de ordenar, urdir e conduzir a ação dramático-musical, e uma outra, em que o espectador seria introduzido, por meio dessa trama, às camadas mais complexas do tecido composicional. Nessa, o ouvinte seria levado a ouvir os motivos não só como condutores (*Leitmotive*), mas também como fundantes (*Grundmotive*).

O que normalmente se dá é que a função ordenadora é percebida com mais facilidade e rapidez – alguns motivos "saltam aos ouvidos" – provocando, às vezes, o surgimento de uma constelação de motivos que se sobrepõe aos outros.

Perceber constelações motívicas é uma das inúmeras experiências propiciadas pela textura leitmotívica de Wagner. É preciso, no entanto, estar atento ao fato que essas constelações não são fixas: seus componentes (motivos) e suas posições variam e seus significados dramáticos se re-significam a cada nova combinação. A tentativa de estabilizar a audição sobre pontos e significados unívocos pode resultar na obliteração de outros níveis de aprofundamento e fruição.

Se considerarmos os motivos (ou uma determinada constelação) unicamente como guias das ações dramático-musicais (fixando assim uma de suas funções), os *Leitmotive* podem ter sua ação introdutória tornada única e final, ou seja, correm o risco de ser compreendidos apenas como responsáveis pela identificação de fatos, locais, objetos, personagens ou sentimentos constituintes do drama. A apreensão da obra estaria resumida nesse aspecto e nada mais.

De fato, seria possível acompanhar o desenvolvimento de um drama baseando-se no aparecimento dos mais pregnantes *Leitmotive*. Por exemplo, a trompa faz soar o breve motivo do Ouro quando ele é iluminado pelos raios do sol e, logo em seguida, Woglinde, uma das três filhas do Reno canta: *"Lugt, Schwestern! Die Weckerin lacht in den Grund"* (Olhem, irmãs! A alvorada sorri nas profundezas).

Exemplo 2

Mais adiante, as três cantam juntas *Rheingold! Rheingold!* (O Ouro do Reno, Cena I).

Exemplo 3

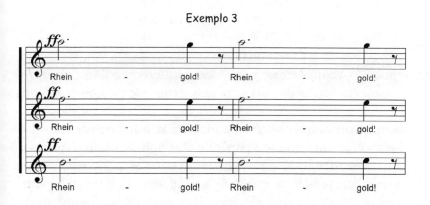

Auditiva e visualmente há uma confirmação da "identidade" desse motivo e a conseqüente associação e a memorização se tornam relativamente fáceis.[3]

Mas, à medida que *O Ouro do Reno* avança, que seguimos ouvindo os demais dramas do *Anel* que retomam e desenvolvem esse motivo e apresentam uma quantidade imensa de outros novos e às vezes fugidios, nos damos conta de que a identificação de todos eles se torna uma tarefa árdua e limitadora. Se esse caminho nos auxilia em alguns momentos, ele não deve, no entanto, tornar-se o único, pois a catalogação precisa dos motivos pode, como já foi dito, transformá-los em eventos autônomos e também colocar-nos na posição de ouvintes barrocos, restaurando (ou não querendo abandonar) a sensação de segurança e de controle sobre o que está sendo vivido.

Além disso, há o risco de dissociarmos a música da narrativa dramática, tornando-a mera auxiliar subordinada em uma hierar-

---

3. Pode parecer um contrasenso falar em identidade após o que foi exposto anteriormente. Nos parágrafos seguintes será explicitada a relação nomeação/identidade.

quia de linguagens que não foi intencionada por Wagner. Atento a esse fato, o compositor criticou seu contemporâneo Hans Von Wolzogen que teria, em suas análises, feito uma "taxonomia desses motivos 'conforme o seu significado e efeito dramático mas não [...] o seu papel na estrutura musical' (GSX, 185-6)" (Millington, 1995, p. 260).

O alvo dessa crítica foi um livro publicado por von Wolzogen em 1876[4], no qual ele nomeou todos os motivos do *Anel* e os apresentou em forma de guia temático. Se um de seus objetivos era facilitar para o ouvinte a compreensão do drama, ele acabou também instituindo o hábito de identificar e fixar a audição dos *Leitmotive* unicamente a partir de seus nomes. Mesmo que, por uma questão prática, sejamos levados a tratar os motivos pelos seus nomes, (procedimento que eu mesma adoto neste livro), não podemos perder de vista que eles *não são* os motivos, não os instauram nem os comportam em sua complexidade estrutural e, sobretudo, não os substituem no ato da audição. Ao aceitarmos seus nomes e "identidades", não nos esqueçamos de que esses devem ser tomados como provisórios e meramente alusivos, nunca como definitivos.

Se conseguirmos ir além em nossa freqüentação, evitando resumir a obra em sua aparência primeira, começaremos a nos aproximar e a compreender a opção de Wagner pelo termo *Grundmotiv*.

Experiências da memória com os *Leitmotive*

O primeiro estranhamento enfrentado com a técnica leitmotívica de Wagner refere-se à nossa capacidade de memorização. Em termos de memória consciente, até que ponto poderíamos identificar e reter com certeza todos os motivos? (No *Anel*, os principais chegam a cinqüenta e em *Parsifal*, a vinte e cinco). E quando eles são diminuídos, fundidos, derivados e/ou superpostos a outros?

---

4. *Führer durch die Musik zu Richard Wagner's Festspiel 'Der Ring des Nibelungen":
Ein thematischer Leitfaden von Hans von Wolzogen – Leipzig*

Vale lembrar aqui que os quatro dramas que compõem a tetralogia *O Anel dos Nibelungos* referem-se e remetem-se mutuamente por meio dos *Leitmotive*. *A Valquíria* (segundo drama) retoma inúmeros motivos (do Walhalla, da Espada e do Tratado, por exemplo) presentes n'*O Ouro do Reno* (primeiro drama). O mesmo acontece com *Siegfried* (terceiro drama), que recupera os motivos do Anel, da Maldição, das Bigornas e dos Gigantes (entre outros) d'*O Ouro do Reno*, e os do Infortúnio e da Raça dos Wälsungen d'*A Valquíria*. N'*O Crepúsculo dos Deuses* (quarto drama), ouvimos o motivo da Valquíria *(A Valquíria)*, da Trompa de Siegfried (*Siegfried*), do Reno, do Anel, da Renúncia, (*O Ouro do Reno*) para citar apenas alguns.

Como se pode perceber, o reaparecimento dos motivos não obedece a uma ordem linear e cumulativa (do primeiro para o segundo, para o terceiro e para o quarto drama). Eles "migram" de um drama a outro por razões dramático-estruturais, de forma a fazer com que o espectador ouça e compreenda que um drama contém o outro e que eles não são "obras isoladas"[5].

Isso, em tese, poderia facilitar a audição, o reconhecimento e o acompanhamento total das ações dramático-musicais, mas o fato de esses deslocamentos motívicos não se darem de forma previsível e direcional obriga-nos a quebrar, internamente, com a linearidade da audição concreta. Se, no terceiro drama, por exemplo, reconhecemos um motivo que já havia sido exposto no primeiro, podemos dizer que ele é um motivo de reminiscência. Mas, por que não ouvi-lo retrospectivamente, como sendo, no primeiro drama, um motivo que antecipa algo do terceiro? No fundo, eles são ao mesmo tempo reminiscência e antecipação, se considerarmos que, aqui, passado, presente e futuro são superpostos e entrecruzados.

Além disso, os procedimentos de derivação, desenvolvimento e transformação musicais aos quais os motivos são submetidos podem dificultar (e enriquecer) a decifração dos mesmos. N'*A Valquíria*, o motivo da Fuga, por exemplo, é extraído da segunda metade do motivo de Freia.

---

5. Essa "migração leitmotívica" e sua importância na construção de uma temporalidade trágica são analisadas por Naffah, p. 131-3 deste livro.

Exemplo 4

Freia, irmã de Fricka e deusa da Juventude, n'*O Ouro do Reno*, é levada pelos gigantes Fafner e Fasolt, como "pagamento" por seu trabalho de construção do Walhalla (cena 2). Do ponto de vista da narrativa dramática, a similaridade das situações – Freia desejando libertar-se dos gigantes e o casal Siegmund/Sieglinde fugindo em busca da realização de seu amor proibido – poderia ser a razão desse procedimento composicional. Mas outras interpretações são também possíveis: por contraste, o aprisionamento de Freia corresponderia à libertação de Sieglinde; ou, a impetuosidade amorosa do casal poderia ser tomada como um traço de juventude ou do poder rejuvenescedor do amor... Enfim, está nas mãos do ouvinte descobrir, aceitar e/ou rejeitar o(s) sentido(s) deste reaproveitamento motívico.

Há ainda a possibilidade de um motivo ter seu sentido dramático original modificado. No Ato III, cena 2, d'*A Valquíria*, quando Wotan, furioso, manda embora as Valquírias que intercediam por Brünnhilde e ameaça destituí-las de sua condição, assim como ele acabou de fazer com Brünnhilde, ouve-se o motivo do Desalento logo após ele proferir a frase *das künd' ich der Kühnen an*! (eu previno a audaciosa!).

Originalmente esse motivo aparecia quando Wotan estava desesperançoso e musicalmente suas características eram bem diferentes:

O ritmo pontuado, hesitante, foi substituído por valores inteiros acentuados (semínimas) que incisivamente marcam o movimento descendente da frase (antes retardada pelos valores pontuados); o ornamento em tercinas* que introduzia suavemente a primeira nota da frase foi transformado numa escala direcionada ascendentemente de seis sons que, claramente, foi extraída do motivo da Tempestade, aludindo à força da fúria de Wotan; a instrumentação, antes baseada em cordas e madeiras numa intensidade decrescente, apresenta agora metais em intensidade *fortíssimo*.

Como compreender que duas emoções diferentes (fúria e desalento) possam ser referidas pelo mesmo material musical básico? Serão dois estados de um mesmo sentimento que se fundiram numa só expressão ou será o motivo que, pelas transformações, se afastou de sua identidade original e adquiriu uma nova?

Percebemo-nos, assim, numa situação em que, com tantos apelos circulando à nossa volta e sobrecarregando nossa capacidade de retenção e discriminação, a memória consciente ora se realiza, ora se eclipsa. Um mesmo motivo que há pouco havia sido percebido com nitidez pode ser confundido com outro ou ter seu significado dramático momentaneamente esquecido. Misturam-se e substituem-se certezas por vagas sensações de lembrança. Reconhecemos como familiar mas não temos disponível algo que há pouco era tido como inquestionável. Esses retraimentos da memória conscientemente operante não são necessariamente voluntários, acontecem mesmo à revelia do espectador.

Essa vivência, causada em parte pelos procedimentos acima descritos, pode ser também atribuída à maneira pouco usual como Wagner constrói e dispõe musicalmente os elementos constituintes dos motivos.

A análise dos motivos de *A Valquíria* e de *Parsifal* nos mostra que seria possível caracterizá-los conforme seus diferentes graus de memorização. Os critérios musicais utilizados nessa diferenciação levam em conta os aspectos: definição ou indefinição do campo harmônico tonal; estabilidade ou instabilidade métrica e rítmica; existência ou falta de direcionamento melódico; e confirmação ou negação da estrutura fraseológica tonal. Trata-se, no fundo, da averiguação da presença e/ou ausência de determinados arquétipos musicais, sobre os quais normalmente se efetua (ou se efetuava) a memória musical.

Os motivos considerados definidos são os que mais se aproximam da construção melódica tradicional do século XVIII, ou seja: têm seus campos harmônicos tonais confirmados pela presença, de acordo com os princípios hierárquicos, de tempos e partes fortes e fracas; expõem com nitidez uma direção melódica ascendente e/ou descendente; encaminham-se ou aludem a um ponto culminante; e fraseologicamente respeitam, se não todos, alguns princípios de derivação motívica. Sem dúvida, incide aqui o hábito auditivo de grande parte dos ouvintes que preferencialmente freqüentam o repertório tonal e cujos arquétipos musicais acima mencionados já estão internalizados. Essa memória anterior, que se atualiza no contato com os motivos definidos, é o fator que elege, num campo de probabilidades, aqueles motivos potencialmente mais pregnantes e memorizáveis. Isso não elimina, no entanto, a possibilidade de escutas singularizadas, que podem apreender inicial ou somente os eventos mais indefinidos e distantes dos moldes usuais.

No grupo dos motivos definidos, n'*A Valquíria*, estão os da Tempestade, da Entrada dos Deuses no Walhala, da Piedade, de Hunding, do Walhala, da Espada, da Vitória, da Primavera, da Renúncia do Amor, da Cavalgada e Gritos das Valquírias, da Necessidade dos Deuses, dos Gigantes, de Siegfried, da Redenção pelo Amor, e o do Sono. Em *Parsifal*, estão o do Graal, dos Cavaleiros do Graal, da Floresta, de Parsifal Herói, dos Sinos de Montsalvat, da Bênção, do Enterro de Titurel e o da Natureza Redimida.[6]

___
6. Os nomes dos motivos foram extraídos do livro *História das Grandes Óperas*, de Ernest Newman: Rio de Janeiro/Porto Alegre/São Paulo, 1957, Globo. Algumas diferenças podem ser encontradas em outros autores.

Os demais motivos são aqueles que fogem do conjunto de características atribuídas aos definidos e por isso serão considerados como tendentes à indefinição. Por sua natureza volátil e fugidia tornam-se mais difíceis de ser memorizados. Apenas como exemplo cito d'*A Valquíria*, o de Siegmund cujo ritmo hesitante transcende as barras de compasso e provoca a sensação de perda de referência métrica; o do Amor, cuja harmonia parece não encontrar repouso, e o do Infortúnio dos Wälsungen que apenas insinua um perfil melódico/harmônico de maneira flutuante e aberta. Em *Parsifal*, temos o da Magia de Klinsor e o da Piedade, ambos cromáticos* e voltados sobre si mesmos, o de Herzleide cujas síncopes* e retardos resolutivos suspendem e embaçam sua direção, e o da Penitência de Amfortas, esquivo e instável por ser modulante* e harmonicamente cromático.

Exemplo 7a
(amor)

Exemplo 7b
(Magia de Klingsor)

O equilíbrio da disposição e "distribuição" dessas duas qualidades de motivos obedece, sem dúvida, a critérios composicionais complexos e sofisticados que respondem pela unidade dramático-musical das obras mas, como resultante sonora, o que nós, ouvintes, experimentamos no decorrer dos dramas, são aqueles aspectos já mencionados anteriormente: flutuação rítmico-melódica, direcionamentos inesperados, incertezas e inconclusões.

A análise auditiva do tecido leitmotívico d'*A Valquíria*, em especial, permite-nos notar que há uma oscilação entre momentos nos quais nos sentimos seguros – quando nossa capacidade de reconhecimento é confirmada – e momentos de insegurança, quando percebemos que alguns motivos escapam e resistem a uma apreensão e/ou memorização. Muitas vezes, damo-nos conta de que nem o "status" de motivo um determinado evento chegou a adquirir para nós, e o mais desconcertante é quando a ânsia em querer memorizá-los e reconhecê-los tumultua de tal maneira nossa audição que aí passamos a nem mais ouvir e muito menos a memorizar o que quer que seja. Não há, nem poderia haver, nenhum confortante *ritornello**.

Examinemos uma situação que considero não só propícia ao aparecimento da vivência acima descrita, mas também demonstrativa da habilidade de Wagner na técnica de urdir *Leitmotive*.

O pequeno motivo denominado *Notung*, que se refere à necessidade de Siegmund em obter uma espada para lutar com Hunding, aparece pela primeira vez nas palavras de Hunding (*A Valquíria*, final da cena 2 do primeiro Ato): "Minha casa hoje o acolhe, Filho do Lobo; eu o abriguei por esta noite; mas, amanhã, é preciso munir-se de uma arma sólida: eu escolhi este dia para o combate: você me pagará tributo pelos mortos". Na palavra "mortos" (*Tote*) estão duas notas constituintes do motivo.

Exemplo 8a

No início da Cena III, esse motivo reaparece, aproximando-se de seu significado associativo. Siegmund lamenta sua sorte, perguntando onde estaria a espada prometida por seu pai. Desesperado, ele clama: *Wälse! Wälse!*

Exemplo 8b

É somente no final da terceira cena do primeiro Ato que ouviremos esse motivo unido ao objeto ao qual se referirá nas próximas cenas. Siegmund, após ser "batizado" por Sieglinde, com esse nome fica sabendo que a espada fincada no tronco havia sido deixada para ele, por seu pai. Feliz e esperançoso pelas revelações que acabara de ter, batiza também a espada, dando-lhe o nome de *Notung*. Esta passa a ser *a* espada, e esse será seu *Leitmotiv*.

Exemplo 8c

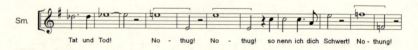

---

7. *Wälse* (ou *Wolfe*) é o nome de Wotan, quando, ao errar pelo mundo dos mortais, vestido com uma pele de lobo, casa-se com uma mortal e inicia a raça dos Wälsung. Os dois filhos dessa união são Siegmund e Sieglinde.

Percebe-se que esse motivo, além de conciso, aparece gradativamente no desenvolvimento da ação dramática. Até ele se afirmar em sua identidade de *Leitmotiv*, o que se dá juntamente com as identidades de Siegmund e da espada *Notung*, não poderíamos saber nem mesmo que ele era um motivo.

Observa-se ainda que tanto os motivos definidos quanto os tendentes à indefinição ora se enunciam como completos em sua função associativa, chamando para si toda a atenção, ora se ocultam, fragmentando-se, fundindo-se e compondo com outros uma polifonia* também associativa. Mesmo para os ouvintes que não se preocupam com a perseguição de todos os motivos, essa não deixa de ser uma situação de *stretto** emocional na qual nos vemos impossibilitados de apreender nitidamente tudo o que se passa.

À medida que freqüentamos essas situações e que nos acostumamos com essas "frustrações", outras capacidades perceptivas começam a se revelar e aí decisivamente entramos no jogo que Wagner arquitetou para seus espectadores.

Possibilidades perceptivas

Se retomarmos a idéia de figura e fundo musicais, atribuindo a qualidade de figura a um motivo que se impôs à nossa apreensão, conforme os moldes tradicionais de melodia acompanhada, ouviremos apenas uma das camadas (a de superfície) da textura motívica wagneriana. Se, ao contrário, deixarmos que o fundo também soe, teremos outras perspectivas auditivas e, dentre elas, a escuta polifônica.

Normalmente, a audição de peças polifônicas traz para nós, ouvintes habituados à homofonia*, um sem-número de problemas: custa-nos abandonar a hierarquia que faz com que uma voz prepondere sobre as demais (às vezes transformamos, na audição, uma obra polifônica em homofônica). É difícil e quase impossível apreender quatro ou mais vozes autônomas ao mesmo tempo: os inícios, pontos culminantes e finalizações de cada linha melódica não coincidem na simultaneidade. Somos, por isso, levados a "navegar" sem rumo certo por entre as vozes, pois elas nos atraem cada uma em momentos diferentes e imprevistos.

Inicialmente, experimentaremos um tipo de atenção que questiona a hierarquia e a estabilidade do foco. A maneira como Wagner construiu essas tramas de motivos nos leva a considerar que tanto figura como fundo são equivalentes em importância e revezam-se continuamente em suas posições. Um motivo que surge como figura logo mais vai aparecer como fundo de um outro que agora toma o lugar de figura e assim por diante. A mobilidade resultante da constante troca de posições sugere a idéia de um caleidoscópio auditivo no qual a memória é obrigada a operar com o todo das configurações resultantes e não só com o reconhecimento das partes.

A polifonia motívica de Wagner acrescenta a essa situação mais um elemento: o significado dramático que cada motivo carrega. Se dois ou três motivos aparentemente antagônicos em termos de conteúdo afetivo se sobrepõem num mesmo campo de ação narrativa, como, por exemplo, na quinta cena do ato II d'*A Valquíria*, na qual os motivos do Amor e de Hunding surpreendentemente se enlaçam na simultaneidade, a situação dramática se encarrega de integrá-los. Nesse caso, trata-se de um sonho de Sieglinde, no qual ela rememora cenas da invasão de sua casa, na infância: "(...) Mãe, mãe! Eu estou inquieta: esses estrangeiros não parecem ser amáveis nem pacíficos! (...)".

Exemplo 9

Um outro exemplo claro desse caleidoscópio auditivo encontra-se no final d'*A Valquíria*, Ato III, cena 3. Wotan, após se despedir de

Brünnhilde, que ficará adormecida no centro de um rochedo em chamas, canta: *Wer meines Speeres Spitze fürchtet, durchschreite das Feuer nie!* (Que aquele que teme a ponta de minha lança não atravesse jamais o fogo!). A melodia cantada é o motivo de Siegfried, personagem presente e ausente ao mesmo tempo (Sieglinde já está grávida), cuja ação está sendo antecipada: é ele o herói destemido que vai despertar Brünnhilde, no próximo drama. Antes de Wotan iniciar seu canto, a orquestra nos fez ouvir, como figuras, os motivos de *Loge* (deus do fogo) e do Sono. Quando ouvimos as primeiras palavras de Wotan (sua frase é a figura), os dois motivos passam para a posição de fundo. O motivo do Sono, neste final orquestral vai compor, com os motivos de Siegfried, do Amor (breve excerto) e do Prenúncio, outro revezamento de posições (figura/fundo) sobre um segundo fundo constante que mantém o motivo de Loge até o final.

Nesse mesmo exemplo musical, há outro aspecto importante a ser considerado: a não coincidência entre as apreensões auditiva e visual. Siegfried, naquela situação e durante todo o desenrolar d'*A Valquíria*, é personagem presente na narrativa e na música, mas, visual e fisicamente, ele está ausente das cenas. Esse descolamento da audição e da visão, sutileza da técnica leitmotívica wagneriana, pode, num primeiro momento, levar o espectador acomodado às associações "completas" a uma sensação de falta. Estaria faltando, nesse caso, o dado visual para que o *Leitmotiv* se confirmasse...

Se, no entanto, pensarmos na afirmação de Wagner, que dizia conceber suas óperas como "atos musicais tornados visíveis" (Magee, 1988) encontramos a possibilidade de tratar-se de uma experiência de antecipação de visualidade: nesse caso, a de Siegfried, já que não temos, n'*A Valquíria*, nenhuma memória visual sua.

Voltando à questão do relacionamento figura/fundo, há ainda a possibilidade de encontrarmos motivos que momentaneamente se apresentam como fundo, mas que não são simples acompanhantes de uma figura ou de um desenvolvimento motívico. Sua presença, ainda que discreta, pode remeter, no âmbito da narração, a um conteúdo vital para a compreensão da ação dramática. Isso significa que, se auditiva, visual e conceitualmente temos um foco presente, seu significado dramático pode ser ampliado e intensificado pela inclusão de outros motivos sutilmente dispostos nas camadas que compõem o fundo auditivo.

No final da cena 2, do Ato II (*A Valquíria*), Wotan ordena que Brünnhilde obedeça a suas ordens, deixando que Siegmund morra no combate com Hunding. Expondo com violência sua raiva, ele canta: (...) "Em minha alma eu encerro a raiva que mergulharia o mundo no pavor e no caos: – infelicidade àquele que ela tocar! Seu desafio será sua perda! Assim, eu te aconselho não me irritar!" (...). Após sua saída da cena, ouvem-se os motivos da Necessidade e do Desalento, facilmente compreensíveis pois diretamente estão ligados à situação de Wotan. No fundo, insinua-se parte do motivo da Maldição (o arpejo diminuto* que nessa cena já havia aparecido nas referências feitas a Alberich) que fará com que ouçamos as frases de Wotan não mais como simples ordens, mas como verdadeiras imprecações. Trata-se não somente daquela maldição lançada por Alberich, mas também desta de Wotan, que amaldiçoa a desobediência futura de Brünnhilde.

Os famosos motivos de reminiscência ou de antecipação, por sua vez, também incrementam a ampliação do conceito de polifonia. Mais do que simples veículos dos "sentimentos mudos", como normalmente se os define, eles são responsáveis pela presentificação (e não só pela rememoração) de eventos passados ou pela antecipação de ocorrências futuras. Enquanto a narrativa dramática respeita a sucessão dos acontecimentos, a narrativa musical se desloca desse encadeamento, avançando e/ou retrocedendo temporalmente[8]. Compreendemos assim que são duas estruturações temporais não obrigatoriamente coincidentes que resultam numa vivência temporal de presente composto por inúmeras camadas de passado, presente e futuro, mais próximo e fiel à concepção romântica de tempo emocional interno. Não se trata somente de uma recuperação

---

8. Poderíamos pensar que, em termos auditivos, Wagner realiza o que, em 1957, Michel Butor faria com a narrativa, em seu romance *La Modification*.

do passado ou de um desejo de futuro, mas de conceber que tanto passado quanto futuro estão em nossa vida afetiva sempre como tempo presente. Sentimentos nascidos em situações passadas e/ou ligados a eventos futuros são sempre atuais, pois a memória e/ou imaginação afetiva atua independente de uma sucessão cronológica de fatos. A polifonia, neste caso, seria composta por linhas temporais que são ao mesmo tempo melódicas, narrativas e afetivas[9].

Um último aspecto referente aos *Leitmotive* e que de uma certa maneira já nos introduz aos resultantes sonoros da melodia infinita é a questão da elisão de motivos. Nesse procedimento defrontamo-nos com um evento auditivo e/ou emocional que, antes de chegar à sua finalização, encadeia-se com um segundo, que pode ou não pertencer ao mesmo campo de significação narrativa. No Ato I, cena 1, d'*A Valquíria*, quando Siegmund acaba de beber o hidromel, ouvimos três motivos que se fundem linearmente. O primeiro (Amor), após ter sido desenvolvido de forma progressiva até chegar a seu clímax, é encadeado ao segundo (Siegmund) por um acorde de elisão nada resolutivo. Esse segundo motivo vai desembocar no terceiro (Piedade) que, por sua vez, apresenta-se de forma condensada (apenas três das seis notas).

Exemplo 10

Mesmo que esses motivos sejam dramaticamente compatíveis e coerentes, nossa primeira reação é de surpresa. Voltamos a duvidar se o que ouvimos está "certo", e muitas vezes instala-se uma sensação de atropelo que nos faz desejar um momento de pausa para

---

9. Na p. 120-2, Naffah explicita a importância e a relação dessas polifonias com "o caráter multifacetado do espírito trágico".

ordenar nossa escuta. Não é fácil acompanhar um fenômeno linearmente híbrido, cuja idéia inicial finaliza numa outra, nem sempre resolutiva: – expectativas abrem-se e não se fecham a contento.

Isso se deve ao fato de haver, em um curto espaço de tempo musical, a presença imbricada de conteúdos cuja vivência temporal interna não se limita àquele de sua enunciação. Um motivo, que antes se desdobrava e se enunciava num lapso de tempo maior, suficiente para permitir sua apreensão e vivência emocional correspondente, agora aparece de maneira contraída e diminuída. Trata-se de um adensamento do discurso musical, ou seja, são apresentados, em poucos segundos, vários eventos que antes precisaram de um tempo maior para seu desenrolar completo. Se, no entanto, a duração do evento foi encurtada, o mesmo não se dá, necessariamente, com a vivência temporal interna. Essa, ao invés de também se encurtar, tensiona-se e pode, paradoxalmente, experimentar uma expansão "desordenada", resultando no descolamento dos tempos musical e emocional: o primeiro não mais limita e contém o segundo. A passagem do tempo quando vivida como tensão, torna-se morosa, não flui, e, por isso, a sensação de dilatação temporal se instala. Daí o conflito da escuta e o desejo de sair da obra para "respirar", para poder dar à vivência interna o tempo que dela foi roubado e que por isso foi potencializado. Mas aí também, a chance de nos havermos mais uma vez com as diferentes sensações de movimentos temporais simultâneos – um que se contrai e um que se amplia, ambos referentes ao mesmo evento musical.

Aproximamo-nos, assim, das razões pelas quais é atribuída à obra de Wagner a posição de marco fronteiriço entre a "antiga" e a "nova" maneira de ouvir música.

Ouvindo a Melodia Infinita

Ao mesmo tempo causa e conseqüência de todos os procedimentos anteriormente expostos, a melodia infinita visa afastar-se da articulação e da repetição periódica dos versos e frases musicais, para que o automatismo da audição seja desfeito.

Esse automatismo geralmente acontece quando os arcos melódicos se apresentam de tamanho igual (quadratura melódica), isto é, quando o ouvido capta um padrão temporal recorrente e o utiliza posteriormente como referência. Não há grandes surpresas nem sobressaltos nesse percurso pois, como já foi exposto no início, o *sentido de unidade* de cada frase está contido internamente em cada uma delas e, na seqüência de várias frases, essas unidades se concatenam e se ordenam para construir um sentido único de totalidade.

Essa estruturação tornou-se, no século XVIII e início do XIX, uma verdadeira "receita", repetida *ad nauseam* por libretistas e compositores e isso resultou no estabelecimento de uma espécie de uma pré-formação da tarefa auditiva. Ouvia-se sempre a mesma estrutura, com roupagem (enredo) diferente. Isso facilitava enormemente o sucesso de uma obra, pois reafirmava para o espectador sua competência enquanto ouvinte, mas, de uma certa maneira, mantinha-o numa certa estagnação e conformismo imaginativos.

O desinteresse provocado pelo uso exaustivo dessa fórmula somou-se ao hábito de entrar e sair da sala de concertos e um círculo vicioso se instalou: o ouvinte só podia sair e voltar para a obra porque sua estrutura permitia, mas, ao mesmo tempo, ele justificava suas saídas pelo baixo grau de interesse que essa mesma estrutura proporcionava[10].

Com a melodia infinita, Wagner quis não só segurar física e mentalmente o espectador na obra, mas também quis desafiá-lo lançando-o num contexto sonoro cujo entendimento não viria mais "semipronto", com seu arcabouço montado esperando ser preenchido. Por não se fundamentar na periodicidade, a presença

---

10. É importante realçar que o ato de afastar-se de uma obra se dá independentemente do afastamento físico. O ouvinte pode ausentar-se de uma audição povoando sua atenção com inúmeros outros conteúdos que preenchem o espaço que seria da obra e, assim, deixa de ouvi-la. Esse é um procedimento que todos nós experimentamos, não só com os mais variados tipos de repertório musical, mas em qualquer atividade de escuta, mesmo a verbal.

continuada e atuante do ouvido passou a ser a condição primeira da compreensão. É no momento em que a escuta se dá que os significados e sentidos se realizam e, por isso, não é mais possível afastar-se sem perdas.

Injustamente considerada amorfa por muitos críticos (o que testemunha mais uma vez que o conceito de forma vigente naquele período se assentava sobre padrões de regularidade), a melodia infinita é resultado de linhas melódicas não-periódicas cuja estruturação obedece a princípios particulares de formatividade.

Inicialmente, é preciso lembrar que a melodia infinita envolve texto e música e que, de acordo com Wagner, a primazia da música sobre o texto era um equívoco. Para ele, que objetivou a criação de uma Obra de Arte Total, a métrica regular que organiza o discurso musical tonal muitas vezes impõe às palavras uma acentuação que não lhes é própria e quando isso se dá fica evidente a existência de duas linguagens que se juntam, mas que não se fundem, para formar uma única e total forma de expressão.

Inspirado pelo conceito grego de *mousiké* (unidade dos elementos poético-musicais), ele escreve seus próprios libretos, partindo do princípio que cada arco fraseológico será o resultado de um processo único e singular, válido para aquela situação específica. Uma solução poético-musical, uma vez encontrada, não poderia ser transposta para outras partes porque tanto texto quanto música serão outros, e terão, portanto, necessidades prosódicas, métricas, rítmicas, melódicas, harmônicas e timbrísticas diferentes[11].

Uma breve análise comparativa entre um trecho da ária de Gluck (exemplo 11a/b *Che farò senza Euridice?* da ópera *Orfeo ed Euridice* e um excerto da cena 2 do segundo Ato d' *A Valquíria* (exemplo 11c) revela as diferentes estruturas fraseológicas:

---

11. Essa forma de construção poético-musical, aliada à afirmação do compositor de que seus dramas seriam "atos musicais tornados visíveis" parecem ter soado, para Nietzsche, como a forma possível de fazer renascer o espírito trágico. Para um maior aprofundamento, ver p. 93 e 94 deste livro, a análise de Naffah sobre essa questão.

Exemplo 11a

Observa-se aqui que a primeira frase (linha contínua) é formada por duas semi-frases (linhas pontilhadas) de tamanho igual (8 tempos) *Che farò senza Euridice? / Dove andrò senza il mio bem?*) As duas semifrases seguintes (*Che farò? / Dove andrò?*), diminuídas pela metade de tamanho (4 tempos), mas iguais, serão desenvolvidas pelas frases seguintes que voltam a ter o dobro de tamanho (8 tempos). *Che farò senza il mio ben? / Dove andrò senza il mio ben?*). A cada uma dessas duas semifrases de 4 tempos corresponde uma frase de 8 tempos, na proporção de 1 para 2.

Em termos harmônicos há uma concordância perfeita entre abertura e fechamento tanto das frases, semifrases como do período: inicia-se com uma sensação de afirmação (acorde de tônica) e abre-se para uma expectativa, uma pergunta (acorde de dominante). Seguem-se um acorde que causa uma sensação de afastamento (acorde de subdominante), um acorde de dominante (expectativa) e, finalmente, o acorde de tônica que trará o repouso e a sensação de completude[12].

Exemplo 11b

A situação, em Wagner, é diferente. Embora possamos em alguns momentos reconhecer auditivamente melodias que se assemelham à estruturação tradicional (o motivo da Renúncia e a "Canção da Primavera", por exemplo) e até mesmo por meio de uma análise mais aprofundada encontrar outros aspectos similares (o que nos revela que não se trata de uma *ausência* de estrutura), o resultado sonoro total evita que essa periodicidade se manifeste explicitamente[13]. Em Gluck e nas árias tradicionais essa explicitação não só é necessária, como faz parte dos objetivos do compositor.

Neste próximo exemplo, extraído de um longo trecho em que Wotan faz uma espécie de resumo a Brünnhilde das razões de sua constrangedora impotência para favorecer Siegmund (quarta intervenção de Wotan na cena 2 do segundo Ato), pode-se perceber o quão difícil é ouvir os repousos, os fechamentos e até mesmo as articulações fraseológicas. O respeito aos imperativos formativos de cada segmento resulta em uma seqüência de frases de tamanhos

---

12. A segunda parte desse trecho, que completa o período, não será analisada harmonicamente. Creio ser suficiente para a compreensão da coerência do relacionamento harmonia/frase apenas o que foi exposto. Basicamente, esse segundo trecho segue os mesmos caminhos do primeiro, com o acréscimo de uma aceleração do ritmo harmônico nas frases finais, procedimento típico de períodos conclusivos.

13. Lembremo-nos que não há, em Wagner, nenhuma ária ou número fechado...

diversos, cujas acentuações não recorrentes e articulações imprevisíveis criam uma sensação de instabilidade e de flutuação melódica que se assemelha, em um certo sentido, à melódica pré-tonal do canto gregoriano e da polifonia renascentista.

Exemplo 11c

A harmonia, nesse trecho, fica suspensa por meio das notas prolongadas que afastam a nitidez das sensações e direções. É até possível nomear esses acordes, conforme seu relacionamento: o primeiro, lá bemol menor, estabelece com o segundo, mi bemol maior, um típico movimento de tônica para dominante. Mas, como resultado auditivo o que se tem são insinuações de movimento e alusões às sensações correspondentes a esses acordes, que seriam de afirmação e de expectativa.

O fechamento das linhas melódicas e mesmo de trechos mais longos, quando não há elisões, dá-se de forma menos incisiva, mais branda, o que nos faz pensar que o termo mais apropriado para nomear essas passagens seja *transição* e não articulação.

O repertório musical do século XVIII conhece e utiliza com certa freqüência eventos que se qualificam como transição. Na Forma Sonata, por exemplo, os trechos que unem um tema ao outro são denominados "ponte", ou "transição". São momentos em que o ouvinte é levado a deixar o "território" definido e dominado pelo primeiro tema (seção do primeiro tema) para entrar naquele apresentado pelo segundo tema (seção do segundo tema). Há, portanto, momentos estabelecidos para que se dêem as transições.

É característico desses trechos de transição o desprendimento do ouvido do campo das afirmações temáticas para adentrar o campo das modulações, das idéias que rapidamente se apresentam e das surpresas.[14]

Para o ouvido, *estar* numa transição é muito diferente de estar numa exposição* ou num desenvolvimento*. A postura auditiva é uma outra. Enquanto que nestas últimas situações o ouvido apreende, retém, recupera, ordena, relaciona, compara, reconhece, enfim, opera ativamente com os dados musicais expostos, na transição, ele acompanha, aguarda, adere, aceita, contempla e se deixa levar pelo fluxo das idéias.

---

14. Isso não significa que o material usado nas transições seja menos importante que outros. Na Sonata de Mozart, K545, as idéias trabalhadas no Desenvolvimento são tiradas da Ponte (transição). Em Beethoven, as Transições muitas vezes são verdadeiros Desenvolvimentos.

Assim o ouvido, para poder usufruir da melodia infinita, das constantes transições e elisões deve suspender suas expectativas em relação a repousos regulares e abandonar-se a um *continuum* não só musical, mas também de sentidos dramáticos. Passa-se a apreender conteúdos além daqueles expostos pela enunciação explicitamente pontuada e conclusiva e começa-se a perceber que a não pontuação é também um conteúdo perceptivo.

Parsifal

A última obra de Wagner merece algumas considerações especiais. Não só porque levanta questões a respeito da visão de mundo que ela apresenta (cristã? maçônica? budista? Seria um drama e/ou um oratório?)[15] mas sobretudo porque musical e auditivamente sua proposta visa a uma experiência completamente diferente daquela d'*O Anel* ou de *Tristão e Isolda*, por exemplo.

Concluída em janeiro de 1882 e estreada em julho do mesmo ano, a idéia de compor um drama sobre o poema épico *Parzifal* (grafia original) de Wolfram von Eschenbach (c. 1170 – c. 1220) já estava sendo gestada por Wagner desde 1845.

Durante os vinte anos que intermediaram o primeiro esboço do texto (1857) e o primeiro rascunho musical completo (1877), o compositor estreou *O Ouro do Reno* (1869), *A Valquíria* (1870), *Tristão e Isolda* (1865) e *Os Mestres Cantores de Nuremberg* (1868). Durante esse profícuo período, Wagner aproximou-se cada vez mais da idéia de construir um teatro apropriado às suas exigências artísticas. A partir de 1872 Bayreuth começou a tornar-se uma realidade com o estabelecimento da Sociedade dos Patronos do Festival de Bayreuth e o lançamento da pedra fundamental do "Teatro de Festivais".

Embora a inauguração do teatro, em 1876, tenha se dado com o ciclo completo d'*O Anel*, o único drama realmente escrito e concebi-

---

15. Esse aspecto não será discutido aqui. Ver, no texto de Naffah, a visão de Nietzsche sobre essa obra.

do para aquele recinto foi *Parsifal,* fato esse que, a meu ver, é de fundamental importância para a percepção das singularidades dessa obra.

Para compreendermos porque o teatro de Bayreuth e *Parsifal* têm uma relação de causa e efeito recíproca – *Parsifal* só pôde soar como Wagner desejou porque existia Bayreuth e, ao mesmo tempo, o teatro foi construído com características acústicas especiais porque Wagner precisava compor *Parsifal* – é preciso examinar as condições que envolviam, nos séculos XVIII e XIX, a construção de teatros líricos e a composição das óperas.

O teatro italiano e Bayreuth

Os teatros especialmente construídos para o repertório operístico no século XVIII caracterizavam-se por uma acústica "limpa", com um tempo de reverberação de sons relativamente curto[16]. Contribuíam para isso sua profusa decoração com cortinas pesadas, os ornamentos rebuscados de gesso sobre as paredes e o volume de tecido das roupas usadas pelo público que absorviam as reverberações mais longas.

O modelo italiano de teatro lírico, em forma de ferradura ou de "U", destinava à orquestra um lugar na cena, possível de ser visto pelo público. Essa disposição acarreta uma recepção direta dos sons, sem dispersão ou misturas timbrísticas: o som chega "puro" aos ouvidos, como se fosse um discurso.

Sem dúvida, essa acústica clara era um imperativo para as óperas ali encenadas: o perfeito entendimento das palavras, a nitidez das passagens virtuosísticas, o brilho dos timbres agudos e os "duelos" entre voz e instrumento de sopro só poderiam ser usufruídos em condições acústicas adequadas.

---

16. O tempo de reverberação de uma sala cheia é, em média, 1,5 segundos. Em uma grande catedral gótica pode atingir 3 segundos. Em Bayreuth a média é 1,6 s., no Concertgebouw, de Amsterdã, 2,2 s. e no Carnegie Hall, de Nova Iorque, 1,7 s. Essas medidas referem-se às freqüências médias, ou seja, aos sons de altura mediana, nem graves nem agudos. (Forsyth, 1985).

Deve-se lembrar que, diferentemente da prática atual, naquela época os compositores escreviam suas obras para determinados teatros ou salas, explorando em suas composições as qualidades (ou defeitos) acústicos de cada ambiente. Era tarefa do compositor adequar sua escrita no tocante à orquestração, aos andamentos, ao ritmo harmônico, à textura contrapontística e harmônica, à intensidade (volume de som), à ornamentação e ao virtuosismo ao local no qual a obra iria ser apresentada. Certos efeitos desejados por um compositor só eram possíveis em ambientes específicos, ocasionando assim outras versões e arranjos de uma mesma obra caso ela fosse executada em locais outros que não o original.

Comparar o repertório sacro, destinado originalmente a soar numa igreja, com outras obras laicas de um mesmo compositor pode esclarecer essa questão da consciência acústica dos compositores. Mozart, ao iniciar a sua *Missa em Dó menor*, K 427 (1783), não sabia ainda em qual igreja ela seria executada[17], mas, mesmo assim, essa obra foi concebida para ocupar, acusticamente, um espaço bastante diferente daquele d'*A Flauta Mágica* K 620 (1791), composta para o popular Teatro *Auf der Wieden*, de Viena.

No século XIX interessava tanto aos compositores como aos empresários que as novas salas a serem construídas fossem maiores. A ampliação gradativa do tamanho das orquestras e o desenvolvimento de instrumentos mais potentes em volume e som, exigências de um repertório que objetivava uma nova relação público/espaço acústico (em especial os efeitos resultantes de intensidades extremas como o pianíssimo e o fortíssimo), determinaram a construção de grandes teatros que comportavam, no palco e na platéia, um número muito maior de pessoas.[18]

Ao contrário da sonoridade límpida do repertório clássico, os compositores românticos procuravam uma sensação acústica que

---

17. A estréia aconteceu na Igreja de São Pedro em Salzbourg.

18. As orquestras do século XVIII tinham aproximadamente 50/60 integrantes. Wagner planeja para Bayreuth uma orquestra de 130 músicos.

fosse ao mesmo tempo impactante e envolvente. As longas reverberações, antes evitadas, passaram a ser valorizadas, assim como os sons refletidos pelas paredes e pelo teto (não mais somente os diretos). A poderosa sonoridade de uma orquestra romântica tornou-se, assim, em mais um elemento capaz de tomar o ouvinte por todos os lados, dissimulando com as fusões e o embaçamento timbrístico o que antes era nítido e indubitável.

Para o ouvinte que está sentado na platéia é muito diferente ouvir uma orquestra clássica e uma romântica. A primeira parece falar de um determinado lugar a alguém que está à sua frente, confirmando a separação espacial que há entre ambos. A segunda, parece anular essa distância física existente mediante o preenchimento do espaço total da sala, envolvendo o ouvinte e fazendo-o perder-se dentro dela.

Ainda insatisfeito com isso, Wagner propôs-se ir muito mais longe. Além de aumentar consideravelmente o número de instrumentos e de mandar construir outros que incrementassem as tessituras mais graves[19] para que as mesclas e reverberações se tornassem ainda mais presentes, Wagner concretizou em Bayreuth sua concepção particular de espaço acústico.

Recusou, inicialmente, que o lugar destinado à platéia repetisse a tradicional forma de ferradura ou de "U", com galerias e *loges* hierarquizadas[20]. Dispostas em forma de anfiteatro, no qual a visualização da cena é sensivelmente melhor para todos os espectadores, as fileiras se abrem, da frente para o fundo, em forma de leque. Entre as paredes laterais (mantidas paralelas) e as cadeiras, há um espaço funcionalmente preenchido por pequenos muros e colunas que ajudam a difusão dos sons.

---

19. Os principais são o oboé tenor, as tubas wagnerianas (baixo e tenor), o trompete baixo e o trombone contrabaixo. Wagner ampliou a técnica e a sonoridade de instrumentos já existentes e ainda elaborou projetos para novos instrumentos que não chegaram a se firmar.

20. O "Opéra" de Paris, inaugurado um ano antes de Bayreuth, havia retomado quase que integralmente o modelo italiano de teatro de ópera.

O fosso da orquestra, rebaixado a ponto de desaparecer do campo de visão do público, cumpre um duplo papel em termos perceptivos. Para Wagner, qualquer estímulo visual que não fosse a cena deveria ser eliminado e a impossibilidade de se enxergar a fonte produtora dos sons (a orquestra), criaria, segundo ele, um "abismo místico" entre a platéia e a cena. A orquestra estaria em todos e em nenhum lugar, ela simplesmente soaria...

Em termos auditivos práticos, o fosso rebaixado atenua o volume de som, evitando que as vozes dos cantores possam ser encobertas. O fundamental, no entanto, reside na modificação timbrística total da orquestra. Os sons chegam aos ouvidos somente de maneira indireta e refletida, pois há, no fosso, um muro protetor inclinado que evita a saída dos sons diretamente para o público. As freqüências mais altas (sons agudos) perdem seu caráter cortante e as mais baixas (sons graves), ao serem absorvidas pelo teto, não se sobrepõem aos demais sons.

O mesmo efeito, em termos visuais, foi conseguido com a diminuição da iluminação da cena[21]. A clareza da visão foi substituída por uma espécie de ensombrecimento permanente que colabora para a criação de um ambiente onírico e impalpável.

Assim, o resultado sonoro é denso mas não ensurdecedor. Torna-se claro que o parâmetro densidade* orquestral não está subordinado à intensidade (volume de som) pois mesmo as passagens em pianíssimo, se habilmente orquestradas, podem trazer ao ouvido a sensação de uma massa sonora extremamente cerrada e compacta.

Estas novas condições acústicas permitiram que Wagner desenvolvesse plenamente em *Parsifal* uma sonoridade tão especial e sofisticada, que mesmo seus contemporâneos franceses (entre eles Debussy[22]), avessos à "grosseira" e pesada orquestração alemã romântica, reconheceram tratar-se de uma obra-prima inquestionável.

---

21. Bayreuth foi o primeiro teatro a possuir esse recurso.

22. Cf. citação de Naffah, na p. 136.

Ouvindo o espaço

A maior diferença entre *O Anel* e *Parsifal*, no que se refere à utilização da orquestra, está na textura timbrística. No primeiro, Wagner estilhaça os grandes naipes timbrísticos homogêneos da orquestra tradicional em prol da exploração das individualidades expressivas de cada instrumento. Apesar de maior em número de instrumentos, a orquestração d'*O Anel* soa mais fragmentada, mais "porosa" e menos densa que a de *Parsifal*. Em perfeita concordância com o desenvolvimento leitmotívico, timbres "passeiam" com mais liberdade – e instabilidade – de uma linha melódica à outra, transições tornam-se mais sutis e por isso mais penetrantes, contrastes e combinações inusitadas surgem.

É possível pensarmos, aqui também, em um caleidoscópio timbrístico, pois cada instrumento mantém, na textura orquestral total, sua individualidade. Da soma desses timbres unitários que não se anulam nem se homogeneizam, resultam configurações timbrísticas instáveis e sempre novas. Diferentemente de outras obras cuja orquestração nos permite localizar determinados trechos por meio dos timbres ou naipes instrumentais ("a entrada daquela frase feita pelos violinos..."), a mobilidade interna das configurações não só dificulta a referenciação e resiste à memorização como pode, muitas vezes, confundir nossa capacidade de discriminação.

Surpreendente – e maravilhosa – é a passagem do timbre das cordas (violinos I e II) para os sopros, na cena 3 do Ato II d'*A Valquíria*. Nesse trecho, Siegmund procura fazer com que Sieglinde descanse um pouco e, após abraçá-la, a parte final de seu canto vem acompanhada pelo motivo do Amor. Imediatamente após a frase "*Siegmund ist dir Gesell!*" (Siegmund está a seu lado!), ouvimos os violinos finalizarem o motivo e nesse momento, por meio de uma nota comum que une timbristicamente a passagem, surge o clarinete que então "entrega" a melodia aos outros sopros. O procedimento de passagem de timbres que esse exemplo nos faz ouvir é de uma sutileza e sofisticação tão grandes que nossos ouvidos, exigidos em sua máxima capacidade perceptiva, parecem até duvidar

Exemplo 12

Esses importantes e singulares procedimentos orquestrais estão "espalhados" por todo *Anel* e muitas vezes passam despercebidos. É preciso descentrar-se em algumas das inúmeras audições, do enredo ou dos "macro-eventos" para poder descobrir e usufruir desses "detalhes".

Em *Parsifal*, o refinamento orquestral baseia-se principalmente na fusão de timbres. As individualidades são combinadas de forma a se amalgamarem na simultaneidade, formando blocos que tendem à homogeneidade e à condensação. Como resultado, ouvimos grandes massas sonoras que se movem de forma solene e hierática.

Especialmente no primeiro e terceiro Atos percebem-se dois grandes grupos timbrísticos, o dos sopros (subdivididos em madeiras e metais) e o das cordas. Cada um desses grupos preenche e ocupa, acusticamente, um espaço diferenciado. Esse tipo de orquestração nos remete, de uma certa forma, à sonoridade dos *cori spezzati** (coros quebrados) praticada por Andrea e Giovanni Gabrielli, compositores venezianos do alto Renascimento. Sua preocupação em explorar o espaço acústico da Catedral de San Marco resultou em obras com efeitos estereofônicos nas quais grupos de instrumentos (com a presença intensa de metais) e coros eram dispostos separadamente nas alas laterais da catedral.

Embora Wagner apenas aluda a essa disposição reservando aos sinos, ao tambor, a seis dos nove trombones e a seis dos nove trompetes um lugar especial nos bastidores (o restante da orquestra mantém-se no fosso), a escrita mais verticalizada e acórdica faz com que os grupos soem como que distanciados no espaço. Além disso, o coro de meninos canta do alto da cúpula e a voz de Titurel soa de algum lugar não identificável. O uso de diferentes planos espaciais (plano baixo: fosso; plano médio: cena; e plano alto: cúpula) e de distâncias (mais distante, nos bastidores; e mais próximo, no fosso) permite ao ouvido apreender espaços sonantes particularizados, com tempos de reverberação e com intensidades diversos.

Se considerarmos a macro estrutura da obra (o relacionamento dos três atos) como sendo também um relacionamento de blocos verificamos que os Atos I e III se correspondem por similaridade de ambiente dramático e de proposta acústica, e que o Ato II se inscreve centralmente como contraste, chamando o ouvido para outra qualidade de recepção timbrística.

Às cordas (excetuando-se o Ato II) cabe um espaço sonoro mais restrito, quase incorpóreo, especialmente enfatizado pelo uso freqüente de surdina* que amortece e esfumaça a "luminosidade" característica dos violinos e pelos efeitos de trêmolo* que produzem um efeito de indefinição e de "liquefação" dos sons. As passagens mais brilhantes e timbristicamente mais incisivas aparecem nos motivos relacionados a Kundry, estrategicamente combinadas ao seu timbre vocal penetrante, o único soprano dentre inúmeras vozes masculinas no Ato I.

No segundo Ato, há como que uma "explosão de claridade e de brilho" das cordas e elas adquirem uma presença mais definida e concreta, cuja agilidade e leveza são combinadas aos timbres femininos das Donzelas das Flores e de Kundry. Por sua maior nitidez, as cordas aparecem agora atravessar o espaço, soando mais direta e proximamente ao ouvido. Não mais circundam o espectador com sussurros que lhe dão a "impressão de estar ouvindo cordas", mas vão direcionadamente até ele, impondo seu timbre com nitidez e clareza.

Especialmente belo é o momento em que as Donzelas das Flores cantam motivos deslizantes, antes de tentarem seduzir Parsifal (segundo ato). O clima de encantamento é traduzido orquestralmente por um motivo cromático, repetido inúmeras vezes de forma a sugerir uma "hipnose" auditiva. Os violinos aqui têm uma sonoridade plena, sem surdina, que realça as qualidades "encantatórias" do cromatismo.

Exemplo 13

Ainda nesse trecho, quando Parsifal começa a conversar com as Donzelas, é interessante reparar o equilíbrio conseguido com apenas uma voz masculina no meio de inúmeras femininas, o que imediatamente nos leva a perceber uma inversão da combinação das vozes do primeiro Ato (a voz de Kundry dentre as inúmeras masculinas).

Aos metais destina-se a amplitude total da sala, cujo plano arquitetônico anteriormente mencionado permite a propagação das longas reverberações sem ecos ou emaranhados acústicos indesejáveis. O preenchimento pleno do espaço pelos metais causa ao mesmo tempo as sensações de estaticidade e de densidade pois são timbres mais "pesados" cuja sonoridade desloca-se mais lentamente. Em determinados trechos nos quais eles são combinados com outros instrumentos, Wagner realça-lhes essas qualidades por meio de valores de duração mais longos e acordes cujos intervalos* de terça e de sexta já soam naturalmente mais cheios que outros. No primeiro Ato, quando Gurnemanz conta aos escudeiros como se havia formado o reino de Klingsor, ouvimos os trombones, a tuba baixo e as trompas "atravessarem", com longos acordes, a frase *"Die Wüste schuf er sich zum Wonnegarten, drin wachsen teuflisch holde Frauen; (...)"* (O deserto, ele transformou em um jardim encantado no qual florescem mulheres de charmes diabólicos). Reparar na figuração contrastante dos violinos, violas e clarinetes, mais ágil e leve.

Exemplo 14

Às madeiras, fica reservado o espaço intermediário entre as cordas e os metais. Sonoridades mais cortantes, como a das flautas, ou mais aveludadas, como a do clarinete e do fagote, desdobram-se com nitidez e agilidade, soando menos como bloco homogêneo e mais como "fios" de uma textura internamente diferenciada. Belíssimos são os trechos nos quais ouvimos alguns timbres isolados que se sobressaem do todo orquestral, como, por exemplo, no Ato III quando Parsifal, após ter derramado água benta sobre a cabeça de Kundry, diz *"Die Taufe nimm und glaub' an den Erlöser!"* (Receba a água santa e creia no Redentor.) O motivo da Natureza Redimida é exposto pelo oboé e em seguida pelo clarinete, acompanhados pelas cordas que se movimentam suavemente em tercinas*.

Exemplo 15

Às madeiras, ainda cabe a função de compor com os dois outros grupos instrumentais novas combinações, tornando os metais um pouco mais leves e ágeis e as cordas mas pronunciadas. No primeiro Ato, após Gurnemanz proferir a frase-chave do drama (do ponto de vista auditivo) *"Du siehst, mein Sohn, zum Raum wird hier die Zeit"* (Você vê, meu filho, o tempo aqui se torna espaço), o cenário se transforma lentamente. Parsifal entra com Gurnemanz na sala do

Exemplo 16

castelo do Graal e em um determinado momento a orquestra nos faz ouvir simultaneamente dois grupos instrumentais. No primeiro estão combinados os timbres das flautas, dos oboés, dos clarinetes, do fagote I, das trompas e das violas em uma figuração mais lenta e estática, com valores mais longos, enquanto que, no segundo, estão os violinos, violoncelos e contrabaixos com os fagotes II e III em um desenho mais movido e alerta com tercinas em semicolcheias e colcheias*.

Estão fundidas, em cada grupo, as qualidades de cada instrumento: a leveza e o timbre penetrante das flautas e oboés somam-se à suavidade das violas e dos clarinetes que, amalgamados ao timbre encorpado e expansivo das trompas, resultam em uma sonoridade ao mesmo tempo solene e brilhante. Os fagotes, no segundo grupo, dão aos violinos, violoncelos e contrabaixos um delineamento mais reforçado e aveludado, evitando que as cordas apenas deslizem fugidiamente em sua agilidade.

Muito importante neste trecho (e em diversos outros) é a convivência simultânea de duas sensações de tempo: uma, que se apresenta mais estática, "permanente", e outra, mais dinâmica, que parece impulsionar-se mais rapidamente para um ponto futuro. Isto é resultado da perfeita compreensão auditiva de Wagner das possibilidades acústicas, técnicas e timbrísticas de cada instrumento, conjugada àquela do espaço sonante de Bayreuth. Em *Parsifal*, o tempo experimentado musicalmente *é* o espaço, que por sua vez é timbre e neste aspecto percebemos o quanto Wagner ouviu as obras de Beethoven[23].

Essa inter-relação espaço-temporal aparece também na sucessividade e pode ser percebida já no Prelúdio do primeiro Ato. O uníssono*, composto por madeiras e cordas, inaugura e instala o ouvido nos espaços e tempos de *Parsifal* enunciando o motivo da Última Ceia. Logo em seguida, essa única linha melódica abre-se em uma textura homofônica com timbres e figurações rítmico-melódicas distintas (as cordas têm um motivo ondulante de 8 fusas* arpejadas e as flautas e clarinetes repetem em tercinas de colcheias as notas do mesmo arpejo

---

23. Mesmo em suas obras para piano solo, Beethoven parece procurar espaços e tempos diferenciados dentro de um mesmo recinto e lapso temporal. É como se o espaço, o tempo e o instrumento se desdobrassem em inúmeros outros provocando, no ouvinte, a consciência dos diferentes planos externos e internos de percepção.

de Lá bemol Maior) como que para liberar espaço para o trompete, os oboés e dois violinos trazerem novamente o mesmo motivo.

Duas vivências espaço-temporais distintas se impõem nesse pequeno trecho. O uníssono apresenta um espaço uno, originalmente cerrado e compactado, e um tempo também único em seu desenrolar. Linhas melódicas em uníssono (monodia) soam mais "silenciosas" e austeras, pois o relacionamento dos sons se dá unicamente de uma nota a outra, sem acompanhamento de fundo. Já a homofonia parte de um espaço-tempo composto por camadas distintas que o ouvido se encarrega (ou não) de uni-las para que formem um todo coeso. A hierarquia que coordena essas camadas permite que os sons se "esparramem" por todo o espaço, sem dispersões ou sobreposições indesejáveis. Da restrição passamos à expansão.

Um outro trecho que confirma a interdependência entre tempo, espaço e timbre encontra-se na parte central desse mesmo Prelúdio. O motivo da Fé, depois de apresentado pela primeira vez pelos metais, é desenvolvido pelo naipe completo dos sopros (madeiras e metais), e, logo em seguida, de maneira antifônica*, as cordas expõem o motivo do Graal. Na continuidade temos novamente o motivo da Fé, agora enunciado pelas madeiras (com uma trompa que faz um contraponto imitativo e ritmicamente complementar) e depois pelas cordas. Nessa seqüência, cada bloco timbrístico homogêneo contrasta com os demais, pois, como já foi dito anteriormente, cada um se desenvolve de uma maneira particular no espaço e no tempo. Wagner, ao encadeá-los, facilita e chama o ouvido para a percepção desses múltiplos nichos que se formam dentro de um mesmo recinto e dessas "bolhas" de tempos diversos que se abrem dentro de um mesmo decurso temporal.

O tratamento dado às vozes também se diferencia substancialmente daquele d'*O Ouro*. Ao lado das vozes das personagens principais, há, em *Parsifal*, coros de vozes masculinas (Atos 1 e 3) e um breve coro das Donzelas das Flores (Ato 2). Similarmente aos blocos instrumentais, a densidade da textura coral e a escrita mais acórdica contrastam com as linhas melódicas extremamente cromáticas dos solistas.

As vozes masculinas, nos coros, abrangem toda a tessitura grave/agudo, cabendo ao coro de meninos as passagens mais agudas. É importante realçar que, mesmo agudos, os timbres vocais infantis soam de maneira muito particular e diferente daquela das vozes femininas. Chamadas de vozes "brancas", são mais leves, sem a projeção e a impostação exigidas nas vozes adultas, e sua expressividade está na simplicidade interpretativa e na ausência do vibrato declamatório. A presença da voz infantil, juntamente com os coros masculinos, remete, mais uma vez, o espectador à sonoridade dos coros renascentistas e barrocos nos quais as mulheres eram impedidas de participar.

O relacionamento entre os coros adulto e infantil, pensado também de maneira antifônica, explora o espaço físico em dois e até em três planos: os meninos cantam a partir do meio e do alto da cúpula, o que impossibilita sua visualização, e os Cavaleiros estão no plano da cena.

Vale a pena ouvir com atenção o trecho que antecede a primeira aparição da voz de Titurel, quase no final do primeiro Ato. Gurnemanz mostra a Parsifal a sala do castelo do Graal e então os Cavaleiros (baixos e tenores), divididos em dois grupos, atravessam a cena cantando em uníssono, sobre o motivo dos Sinos, *"Zum letzten Liebesmahle gerüstet Tag für Tag..."* (Nesta última ceia de amor preparada dia após dia...). Em seguida, do meio da cúpula, ouve-se um coro de jovens (tenores e contraltos) entoar *"Den sündigen Welten, mit tausend Schmerzen..."* (O mundo de pecados, com milhões de dores...) acompanhado sutilmente pela orquestra e finalmente, o coro de meninos (contraltos e sopranos) que, do alto da cúpula, cantam *a capella** *"Der Glaube lebt..."* (A fé vive...). Juntamente com a ascensão espacial das vozes, há uma progressiva ascenção em termos de tessitura vocal, que parte dos registros mais graves (baixos e tenores) e atinge os mais agudos (contraltos e sopranos), tornando as vozes infantis ainda mais longínquas e diáfanas. A orquestra, nessa passagem, vai gradativamente desaparecendo para introduzir o ouvido no silêncio total, de forma a preparar com mais efeito a entrada da voz de Titurel[24].

---

24. É impossível deixar de comparar esse procedimento de ascensão vocal e acústico com a obra de Heinrich Schütz (1585-1672), *Musikalische Exequien* (SWV 279 a 281), na qual Schütz determina que os coros se instalem em diversos andares da igreja e que gradativamente se distanciem e se desloquem em direção ao alto para criar o efeito ilusório de que a alma do falecido homenageado se desprega do corpo e ascende em direção ao céu.

Pode-se, nesse mesmo trecho, examinar a questão da participação da visão de *Parsifal*, pois há nessa ascensão timbrística e acústica, uma progressiva passagem do visível (coros em cena) ao invisível (coros na cúpula, voz de Titurel).

Comparativamente aos outros dramas wagnerianos, esse é visualmente mais monótono, desprovido de grandes movimentações ou efeitos cênicos e com um número de personagens bastante reduzido. Com exceção do segundo Ato, o desenvolvimento das ações se dá de forma austera e quase sem atrativos visuais e talvez seja essa a razão do tédio visual que muitos espectadores dizem experimentar quando assistem integralmente a esse drama. Assim, se em termos auditivos *Parsifal* é uma obra mais "silenciosa" e estática, o mesmo se dá no que se refere à visão: ele seria um drama quase "invisível".

Ao lado da intencionalidade do compositor, que sem dúvida objetivou esse perfil para *Parsifal*, interfere também a voracidade visual à qual estamos acostumados nos dias de hoje. Tendemos a considerar como inexistentes estímulos ou objetos com baixo grau de atratividade e movimentação e isso nos faz considerar como desinteressantes certas propostas estéticas contemporâneas que se caracterizam pela não ação.

Tanto na situação de desinteresse quanto naquela em que não estão disponíveis aos olhos conteúdos que existem musicalmente, normalmente nos ocupamos com algum outro estímulo, esteja ele presente em nosso campo visual físico ou apenas em nossa memória e/ou imaginação. Mesmo quando fechamos os olhos para melhor ouvir, geralmente preenchemos com inúmeras imagens aquele lapso de tempo em que os sons se desenvolvem. Assim, ouvido e visão que, em princípio, em uma ópera/drama deveriam atuar de maneira fundida, afastam-se.

Em *Parsifal* esse risco é grande, mas talvez esteja aí mais um lance de mestre de Wagner. Diferentemente do que foi considerado anteriormente como antecipação de visualidade no caso da personagem de Siegfried, creio que aqui deparamo-nos com uma outra experiência. Se evitarmos explicar a invisibilidade do coro infantil, por exemplo, como sendo uma espécie de eco angelical e celeste do mundo terreno (interpretação essa bastante difundida e sem dúvida tentadora), podemos deixar surgir uma outra hipótese. Poderiam estar em confronto o imediatismo da visão, que normalmente opera com o instantâneo temporal, e o tempo da duração, que é o tempo da audição por excelência. Wagner parece chamar a atenção para a possível transposição desses processos perceptivos pois, nesse caso, é o espaço que dura, sem o suporte da visão imediata. De novo, podemos recorrer à já citada frase de Gurnemanz, invertendo porém os termos: aqui o espaço se tornaria tempo, reiterando a idéia de que o espaço não existe apenas para a visão mas também para o ouvido.

Unidade e multiplicidade: os *Leitmotive* em *Parsifal*

Examinando o desenvolvimento leitmotívico de *Parsifal* remarcamos que Wagner mantém, também nesse aspecto, o mesmo princípio de compactação apresentado no tratamento dos timbres vocais e instrumentais. Enquanto que no *Anel* cada um dos dramas contém e recupera os três outros através de tramas de inúmeros motivos que se contraem ou se expandem em diferentes momentos, em *Parsifal*, deparamo-nos logo de início com o grande *Leitmotiv* do Banquete que concentra em si, de maneira evidente ou latente, idéias que serão expandidas e transformadas em outros motivos. Percebe-se aqui a importância do uníssono que enuncia esse motivo e a função que ele adquire de verdadeiro "emblema" da obra.

Analisando esses compassos iniciais como se fossem um *exordium**, os esquemas a seguir mostram alguns procedimentos de derivação e desenvolvimento das idéias musicais contidas nesse motivo. Para facilitar a visualização e compreensão do esquema, os motivos derivados estão escritos acima ou abaixo do trecho ao qual eles se referem.

Aqui estão apresentados os motivos cuja formação se dá quase que de forma direta. O motivo da Fé inverte a direção dos intervalos e os valores de duração são diminuídos e/ou aumentados. Dele, surge o motivo dos Cavaleiros do Graal, que mantém e amplia a linha melódica descendente com mais uma nota e modifica também os valores de duração. O motivo da Lança mantém inalteradas as quatro notas ascendentes, e o motivo do Graal retira do trecho inicial sua primeira parte (o primeiro intervalo foi diminuído e o ritmo foi alterado por aumentações) e se completa acrescentando mais uma nota àquelas mesmas que serviram de base para a derivação dos outros motivos.

Por ser um pouco mais complexa a geração do motivo de Parsifal, isolei-o e assinalei cada célula com letras (a, b, c, d).

Esquema 2

A partir do terceiro esquema temos os motivos que se formam de maneira indireta e menos evidente. Os procedimentos de aumentação e diminuição intervalar e rítmica, as inversões dos intervalos e das direções melódicas são bastante sofisticados e não vou aqui descrevê-los em detalhes técnicos. O principal, o início do motivo do Tolo, está assinalado com linhas verticais pontilhadas e na parte final está demonstrado, com os asteriscos (a, b, c), um tipo recorrente de inversão intervalar que pode ser percebida auditivamente.

Esquema 3

Uma outra relação pode ser encontrada entre as "famosas" quatro notas iniciais do motivo da Lança e as primeiras notas de cada compasso do Tolo:

Esquema 4

Importante, no entanto, é observar que todos os outros motivos cromáticos surgem a partir das três primeiras notas do Tolo.

Esquema 5

Se continuássemos com a demonstração desses procedimentos, o próximo passo seria partir do motivo da Magia e dele retirar os de Herzeleide, de Amfortas, de Klingsor e de Kundry. Isso não será realizado aqui pois o objetivo desses esquemas é *compreensão* dos processos de derivação e expansão do material inicial e não a análise completa dos desdobramentos motívicos de *Parsifal*.

Ainda que a internalização e a audição plena de todos os elementos apontados não se dêem prontamente nas primeiras audições, sua presença pode ser percebida ou "pressentida" pelo fato de não haver nenhuma preparação ou prelúdio que nos conduza até o motivo inicial. Ele abre o drama como se fosse um "frontão" no qual são vislumbrados todos os elementos significativos do edifício a ser adentrado.

(In) Conclusões: ouvir, ouvir e ouvir

Todos os aspectos concernentes às experiências auditivas aqui comentadas não pretendem ser, como já foi dito no início, os únicos nem os "corretos". São apenas possíveis.

É importante que, após o convívio intenso com determinadas obras, voltemos os ouvidos para outras que poderiam ampliá-las (e serem ampliadas) em pontos que porventura ainda não tenham sido percebidos. Será interessante, por exemplo, ouvir "o *Parsifal*" que já soa (ou que ainda não soa) em *Tanhäuser* ou em *Tristão e Isolda*, ou que elementos desses ainda permanecem (ou não) naquele. Pode-se, também, tentar descobrir o mesmo entre *O Anel* e *Parsifal*, ou entre quaisquer obras que o ouvido conseguir e ousar relacionar[25]. O campo para transposições, transferências, reelaborações e recriações auditivas está aberto, nas mãos do ouvinte, e é um processo que se desdobra *ad infinitum*.

Incontestável é o fato de que uma obra lança raízes em nossos ouvidos e, com ela, nossa capacidade perceptiva se transforma, pois há, no relacionamento obra/ouvinte, um recíproco investimento. Uma obra precisa, pede e cria seus ouvintes e estes, por sua vez, dirigem-se a determinadas obras conforme suas inquietações, necessidades e aspirações perceptivas. Depois de uma atenta audição, tanto o ouvinte quanto a obra serão outros e talvez seja esse um dos principais critérios a ser considerado quando da montagem de nossa discoteca. Perguntemos, assim, à nossa última audição, qual será a próxima...

---

25. A questão da não linearidade de alguns aspectos, ao lado da constância de outros no conjunto total de obras de Wagner, mencionada por Naffah, p. 89-90, poderá ser um aspecto interessantíssimo a ser perseguido. Nesse contexto, tanto *Parsifal* quanto *A Valquíria* nos farão ouvir outras e intrigantes questões.

Glossário

A capella: designação de uma obra coral que não admite acompanhamento instrumental.

Acorde: sobreposição de várias notas que soam simultaneamente.

Acorde de tônica: dentro da estrutura tonal hierárquica é o acorde principal, responsável pela definição da tonalidade da obra e com o qual todos os outros se relacionam. Provoca a sensação de repouso, de estabilidade.

Antifônico: procedimento de divisão de um grupo coral em dois ou mais grupos que cantam de forma alternada.

Arpejo: disposição sucessiva das notas de um acorde que se enunciam, uma a uma, em direção ao registro agudo ou ao grave.

Colcheia: valor proporcional de duração de um som. Equivale a 1/8 do valor usualmente considerado mais longo (semibreve).

Cori spezzati: distribuição de dois ou mais coros em diferentes lugares de um mesmo recinto, com o objetivo de explorar e realçar as qualidades acústicas e timbrísticas tanto das vozes quanto do espaço.

Cromático: relacionamento de notas que guardam entre si uma distância muito pequena (um semitom). Via de regra, em um contexto tonal, motivos ou passagens com abundante cromatismo são responsáveis pela suspensão da sensação de direcionalidade única.

Desenvolvimento: parte de uma Fuga, Sonata ou Sinfonia clássica no qual são trabalhados os temas e as idéias apresentadas na Exposição.

Densidade orquestral: parâmetro que regula o efeito que um maior ou menor número de instrumentos produz na simultaneidade.

Diminuto: intervalo, arpejo ou acorde que, dentro da classificação estabelecida pela harmonia tonal clássica, soa como gerador de instabilidade e tensão.

Exordium: na retórica musical barroca, é o ponto de partida de uma obra, no qual são reveladas todas as intenções e habilidades musicais do compositor. Deve chamar a atenção do auditório, estimulá-lo e prepará-lo para o que se segue.

Exposição: trecho inicial de uma Fuga, de uma Sonata ou Sinfonia clássica no qual são expostos os temas e as idéias principais da peça. Algumas Exposições, nas sonatas e sinfonias, podem ser precedidas por uma Introdução, como por exemplo, na Sinfonia n° 1, opus 21 em Dó maior de Beethoven.

Fusa: valor proporcional de duração de um som. Equivale a 1/32 do valor usualmente considerado mais longo (semibreve).

Harmonia tonal: sistema de relacionamento de acordes que estabelece entre eles uma hierarquia suscetível de ser compreendida auditivamente. A montagem dos acordes e seus encadeamentos devem obedecer inúmeras regras de condução rítmico-melódicas para que sejam caracterizadas as sensações de repouso, afastamento e tensão, que deverão ser reconhecidas em suas inúmeras variantes e combinações.

Homofonia: preponderância de uma linha melódica sobre as demais, que se subordinam e se apresentam como acompanhamento. Melodia acompanhada.

Intervalo: relacionamento entre duas notas a partir do parâmetro altura (grave/agudo).

Modulante: trecho ou acorde que modula, isto é, que passa de uma tonalidade a outra, em um contexto harmônico tonal. As modulações são responsáveis pela variedade e pela movimentação das forças harmônicas, evitando a repetição exaustiva das mesmas relações acórdicas (campo harmônico).

Motivo: idéia musical sucinta mas suficientemente rica em termos melódicos, rítmicos e/ou harmônicos para que possa ser desenvolvida no desenrolar da composição.

Nota fundamental: nota base, raiz de um acorde. Das três notas do acorde de Dó maior (dó-mi-sol), por exemplo, Dó é a nota fundamental.

Nota(s) de passagem: nota(s) que preenche(m), melodicamente, a distância existente entre duas notas de um mesmo acorde.

Polifonia: resultado da superposição de duas ou mais vozes que guardam, na simultaneidade auditiva (verticalidade), suas características expressivas individuais. Cada uma das vozes tem um desenvolvimento particular e compõe com as demais um relacionamento de interdependência.

Ritmo harmônico: responsável, dentro de um contexto tonal, direcional, pela sensação da dinâmica da passagem do tempo. As diferentes durações das funções dos acordes podem "acelerar" ou "estancar" a vivência temporal do discurso musical.

Ritornello: repetição de um determinado trecho de uma ária ou de uma peça instrumental. Facilita o reconhecimento e a memorização de temas e motivos.

Semicolcheia: valor proporcional de duração de um som. Equivale a 1/16 do valor usualmente considerado mais longo (semibreve).

Síncope: supressão do tempo forte ou de parte dele, provocado pelo prolongamento de uma nota executada anteriormente. A regularidade de acentuações dos compassos é perturbada pelas síncopes.

Stretto: em uma Fuga, é o trecho no qual as entradas dos temas se sucedem com maior rapidez, diminuindo e estreitando o tempo que havia entre uma entrada e outra. Auditivamente resulta em uma intensificação de forças melódico-ritmo-harmônicas pois há uma sobreposição de temas.

Surdina: artifício usado para abafar os sons, alterando não só sua intensidade mas também seu timbre.

Tercina: divisão ternária de um tempo que deveria, em princípio, se subdividir de forma binária ou em seus múltiplos.

Tônica: ver Acorde de tônica.

Trêmolo: efeito de repetição rápida de uma mesma nota ou acorde, à maneira de um tremor.

Uníssono: uma única altura. Todas as vozes e/ou instrumentos executam juntos as mesmas notas. Considera-se uníssono também quando se toca ou canta em oitavas.

Referências bibliográficas

FORSYTH. M. *Architecture et musique – l'architecte, le musicien et l'auditeur du 17ᵉ siècle à nos jours*. Liège/Bruxelles, Pierre Mardaga éditeur, 1985.

KOELLREUTTER, H-J. *Terminologia de uma nova estética da música*. Porto Alegre, Movimento, 1990.

MAGEE, B. *Aspects of Wagner*. Oxford/New York, Oxford University Press, 1988.

MILLINGTON, B. (org.). *Wagner, um compêndio*. Tradução de Luiz Paulo Sampaio e de Eduardo Francisco Alves, Rio de Janeiro, Jorge Zahar Editor, 1995.

1. Wagner, o músico-poeta

Nietzsche e a *Carmen* de Bizet

2. Friedrich Nietzsche

3. Célestine Galli-Marié, a Carmen da montagem original

O Anel dos Nibelungos: montagem original (Bayreuth, 1876)

4. Franz Betz como Wotan

5. Marie e Lilli Lehmann como Ortlinde e Helmwige

6. Brünnhilde transportando um guerreiro morto para Walhall

O Anel a

pintura de Delitz

belungos

7. A despedida de Wotan

pintura de Delitz

Wotan, o herói principal do *Anel dos Nibelungos*

8. Anton van Rooy, barítono holandês, caracterizado para o papel

Parsifal: montagem original, Bayreuth, 1882

Anton Fuchs, que alternava com Karl Hill no papel de Klingsor

Parsifal ao longo do tempo: Bayreuth, 1934

10. Helge Roswaenge como Parsifal

11. Alexander Kipnis como Gurnemanz

Ecos Nietzschianos

Alfredo Naffah Neto

1
Nietzsche interpreta Wagner: Das brumas do Santo Graal rumo à alegria cigana de Bizet

O vínculo e o posterior rompimento entre Nietzsche e Richard Wagner permanecem até hoje um assunto polêmico e cercado de controvérsias: o que se afirmou, inicialmente, como uma grande amizade, eivada de admiração de ambos os lados, produziu, com o rompimento, uma força equivalente, senão maior, de decepção e de amargura. No início, Nietzsche era só elogios a Wagner: considerava-o o artista capaz de restituir à ópera o *espírito trágico*, perdido há muito tempo; com a quebra do idílio, entretanto, por razões análogas, tornou-se o seu crítico mais feroz.

Houve quem visse na gênese desse acontecimento apenas desafetos e questões pessoais e não é que esses elementos estivessem ausentes de todo, na questão: é importante ponderar que Nietzsche era bem mais jovem do que Wagner, portanto uma presa mais fácil das idealizações que, geralmente, dificultam à juventude uma avaliação mais ponderada da realidade. Mas, isto posto, é cegueira pretender reduzir o que foi, essencialmente, uma questão de afinidades e dissintonias éticas, estéticas e políticas, a problemáticas puramente emocionais. Wagner, na verdade, esteve sempre longe de uma produção artística homogênea e unidirecionada; ao contrário, é possível distinguir na sua trajetória diferentes direções, com idas e voltas. Que obras como *Tristão e Isolda* e *O anel dos Nibelungos* receberam uma elaboração musical e poética eminentemente *trágica* é coisa que qualquer análise séria das produções é capaz de aquilatar. Por outro lado, não é difícil perceber a grande guinada que representou *Parsifal*, a última das suas obras, em direção a uma elaboração com influências marcadamente *cristãs*, bem distintas do tipo anterior[1]. É impossível, entretanto, ver aí uma trajetória linear, visto que obras anteriores a *Tristão* e ao *Anel*, como *Tannhäuser* e *Lohengrin*, já continham ingredientes cristãos bastante visíveis. *Parsifal* iria, pois, simplesmente dar forma e levar às últimas conseqüências o que antes já existia como uma das facetas ou um dos pontos de vista desse polêmico músico alemão do século XIX. O que significa dizer que possivelmente o entusiasmo de Nietzsche por Wagner levou-o a recortar a sua faceta trágica de todo o resto e a amá-la, a despeito de todas as outras, que preferiu desconsiderar. E quando falo de todas as outras, estou-me referindo não só à faceta cristã, mas também à nacionalista, à anti-semita etc.. Quando, por fim, Nietzsche as percebeu, veio todo o desencanto, a decepção, as críticas e o rompimento inevitável. Os destinos contemporâneos da arte trágica seriam, então, depositados na *Carmen* de Bizet, a ópera que se tornou a grande paixão de Nietzsche.

Mas toda essa polêmica Nietzsche-Wagner já foi bastante documentada e discutida, havendo bibliografia disponível para quem se interessar pelo assunto[2]. Por isso, meu objetivo aqui não é a exposi-

---

[1]. Segundo os estudiosos, Wagner bebeu em fontes pagãs, cristãs e budistas, além da grande influência da filosofia de Schoppenhauer. Entretanto, o arremate final de *Parsifal*, recebeu, sem dúvida, um formato eminentemente cristão. Cf., nesse sentido, neste volume, o capítulo dedicado à análise desse drama-musical.

[2]. À guisa de iniciação ao tema, em língua portuguesa, há pelo menos dois livros aos quais o leitor interessado pode se dirigir: a tradução do livro de Roger Hollinrake intitulada *Nietzsche, Wagner e a filosofia do pessimismo*, publicada pela Jorge Zahar em 1986 e o ensaio de Rosa Maria Dias intitulado *Nietzsche e a Música*, publicado pela Imago em 1994. Ambos trazem indicações históricas da polêmica e, sob esse prisma, são bastante interessantes como iniciação ao tema. Isso apesar

ção detalhada do que se passou entre eles, mas recortar dessa trama aqueles episódios capazes de dar direção, tanto para uma cartografia de alguns dramas-musicais wagnerianos, quanto para uma reflexão sobre os redirecionamentos da *arte trágica* propostos por Nietzsche. Pretendo destacar, nesse sentido, a controvérsia Wagner-Bizet.

É, sem dúvida, a articulação entre música e palavra (ou entre o "audível" e o "visível", segundo a denominação nietzschiana), além da própria qualidade da música e da poesia, que tornam Wagner superior a todos os outros músicos, inclusive a Beethoven, ao olhar do primeiro Nietzsche[3]. Desde *O Nascimento da Tragédia*, o filósofo vinha afirmando que, na produção trágica, a música é soberana, vem em primeiro lugar (como expressão do *impulso dionisíaco*), mas é uma música que necessita, para ser ouvida e tolerada, de prolongar-se em palavras e em imagens (dando expressão ao *impulso apolíneo*)[4].

---

da tentativa de Hollinrake de interpretar *Assim falou Zaratustra*, de Nietzsche, a partir da influência de temas dos dramas-musicais wagnerianos, que resulta catastrófica pelo nível de reducionismo e de simplificação que impõe às obras consideradas. Assim, aconselho o leitor a ler essa parte do livro acima citado com um certo espírito crítico ou, simplesmente, a desconsiderá-la. Para maior aprofundamento da polêmica, faz-se necessário ir aos textos de Nietzsche sobre a questão (*Richard Wagner em Bayreuth*, *O caso Wagner* e *Nietzsche contra Wagner*, além de *O nascimento da tragédia*, que deve introduzir o leitor no tema). Há também as cartas de Nietzsche a Peter Gast que podem informar bastante sobre essas questões; na sua edição francesa *(Lettres a Peter Gast*, Christian Bourgois Editeur, Paris, 1981) pode-se contar, além das cartas, com excelentes ensaios de A. Schaeffner, abordando a polêmica sob vários ângulos diferentes. Evidentemente, existe uma bibliografia bem maior sobre o assunto, em língua estrangeira, mas não cabe aqui uma relação exaustiva da mesma.

3. Estou denominando de "primeiro Nietzsche" aquele dos grandes elogios a Richard Wagner e de "segundo Nietzsche" o das grandes críticas.

4. O *impulso dionisíaco* e o *impulso apolíneo* aparecem, n'*O Nascimento da Tragédia*, como os dois impulsos da natureza que se unem na produção do trágico. "Ao impulso dionisíaco - assim nomeado em referência ao deus *Dioniso* - pertencem todas as forças que estão presentes na vida sob a forma de: êxtase, união cósmica com a natureza em alegria e/ou sofrimento, expansão, intensidade, fecundidade, eterna transmutação. Dioniso é o caos originário, o sem-fundo proliferante a partir de onde se produzem todas as formas; o conjunto das forças do mundo em eterno movimento de expansão e de intensificação, prenhe de virtualidades, aspirando a alguma forma

O exemplo usado por Nietzsche é, justamente, *Tristão e Isolda,* de Wagner; o argumento é que seria impossível, para um ouvinte, escutar o terceiro ato desse drama-musical sem ansiar por imagens e palavras. Como comenta Rosa Maria Dias, citando Nietzsche:

> Sem "a miserável concha de vidro da individualidade humana", não se toleraria ouvir "o eco das intermináveis exclamações de júbilo e dor que parte da 'imensa noite dos mundos' ". Dessa emoção excessivamente forte que o aniquilaria, a força apolínea permite ao indivíduo escapar, desviando para ela a sua atenção. E, assim, por mais que se sinta combalido e cheio de compaixão pela dor dos protagonistas do drama, "ela o salva, entretanto, da paixão originária, do sofrimento do mundo", reproduzido imediatamente pela música, faz com que acredite que se trata de "uma imagem particular do mundo"e, assim, consente que se entregue ao "sentimento orgiástico de liberdade".[5]

É essa mesma autora que observa que, se n'*O Nascimento da Tragédia* a música ainda é posta por Nietzsche como absolutamente livre, não precisando das imagens e das palavras e apenas as tolerando lado a lado, já na quarta *Extemporânea (Richard Wagner em Bayreuth),* "embora ela tenha a primazia sobre as palavras, precisa do mundo visível para traduzir o mundo novo que ela traz para a cultura moderna"[6].

---

possível. Ao impulso apolíneo – que faz referência ao deus *Apolo* – pertencem as forças ligadas a processos de: dar forma, limites, contornos, individualidade, clareza, direção, a impulsos originalmente caóticos. A tragédia realiza, pois, essa união dos dois impulsos, ao dar forma estética às profusões transbordantes da vida" (Naffah Neto, A. *Nietzsche – A Vida como Valor Maior,* São Paulo, FTD, 1996, p. 42-3).

5. Dias, R.M. *Nietzsche e a Música,* op. cit., p. 86. As partes entre aspas, no interior do texto, são citações de Nietzsche d'*O Nascimento da Tragédia,* aforismo 21.

6. Dias, R. M., idem ibidem, p. 86. Conforme Yara Caznók assinala no seu texto (*Ouvir Wagner,* p. 48*),* esta posição de Nietzsche não era partilhada por Wagner, que não reconhecia essa primazia da música sobre o texto (em qualquer nível), concebendo-os como um todo indissociável.

Para além das influências schopenhauerianas – onde a música é pensada como expressão pura da *vontade* – ela passa a ser entendida, então, como linguagem do *pathos*, exprimindo as contradições da alma humana e necessitando das palavras para produzir todo o seu efeito[7]. Antes de Wagner, toda a música, inclusive a de Beethoven – diz Nietzsche – segue as convenções do *ethos*; só em mãos wagnerianas ela adquire inventividade e liberdade suficientes para exprimir as inflexões do *pathos*. Ou seja, a música pré-wagneriana traduz estados de alegria ou de calma, de recolhimento ou de arrependimento, não podendo refletir duas qualidades diferentes num mesmo trecho musical[8]. Além disso, só se permite traduzir o que há de grave e moderado nos sentimentos humanos; qualquer excesso é considerado não ético.

De forma análoga, antes de Wagner, do lado da ópera, prevalece uma tradição em que música e libreto estão dissociados, em que a música serve basicamente à expressão da parte verbal, não possuindo autonomia própria. Buscando ultrapassar essas limitações, o *drama-musical wagneriano* parte da música e a desdobra em poesia (o musical e o poético fazendo parte do mesmo movimento criador), permitindo-se, assim, expressar a multiplicidade polivalente das paixões, sob forma individualizada. Por todas essas razões, ele é visto pelo primeiro Nietzsche como a própria encarnação do mundo trágico, na forma como Heráclito de Éfeso o tematiza:

---

7. É a concepção schopenhaueriana da música, como expressão direta, imediata, da *vontade* (sendo a vontade concebida como centro e núcleo do mundo) que faz dela uma arte superior às outras, consideradas expressões indiretas, mediadas (estando aí incluídas todas as artes verbais). Enquanto Nietzsche pensa como Schopenhauer, a música mantém uma soberania e uma independência incontestáveis frente à poesia; com a diluição dessa influência, ela não perde a soberania mas sim a independência: passa a acolher a palavra como elemento *necessário* à sua expressão maior.

8. Conforme Yara Caznók assinala no seu texto (op. cit., p. 23-4), usando Metastásio como exemplo, no séc. XVIII a expressão musical de sentimentos era *limitada* temporalmente (duração de uma ária), além de os sentimentos terem uma *identidade* claramente definida. Com Wagner, a música passa a buscar a expressão de sentimentos indefinidos e ambíguos, vagos e instáveis, sem fixação temporal, freqüentemente combinando e fundindo estados anímicos diferentes e até opostos.

Jamais a sua música é vaga, feita de estados da alma, tudo o que fala por meio dela, homem ou natureza, ela o faz a partir de uma paixão estritamente individualizada; a tempestade e o fogo tomam nela a força poderosa de uma vontade pessoal. Acima da ressonância de todas essas individualidades e do combate que travam as paixões, acima de toda a efervescência desses contrastes, paira com toda a lucidez uma soberana inteligência sinfônica que, da guerra, faz nascer incessantemente a concórdia. Considerada em seu todo, a música de Wagner é uma réplica do mundo, tal como o compreendeu o grande filósofo de Éfeso, como harmonia resultante do conflito, como unidade da justiça e da hostilidade.[9]

Quanta diferença entre esta avaliação da música wagneriana e aquela que Nietzsche realizaria algum tempo depois! Após todo o desencanto com Wagner, o que ele antes avaliava como "uma soberana inteligência sinfônica" tornar-se-ia, aos seus olhos, "brutal, artificial e 'naïf'", tal qual se pode ler no aforismo 1 d'*O Caso Wagner*, quando Nietzsche compara a orquestração wagneriana com a da *Carmen* de Bizet:

Eu ousaria dizer que a orquestração de Bizet é, aproximadamente, a única que eu ainda posso suportar. O outro estilo de orquestração que está atualmente em voga, o wagneriano, brutal, artificial e 'naïf' ao mesmo tempo, e que, assim, fala simultaneamente aos três sentidos da alma moderna...como me faz mal essa orquestra wagneriana!

---

9. Nietzsche, F. *Richard Wagner em Bayreuth*, aforismo 9, citação de Dias, R. M., op. cit., p. 88-9. Segundo Heráclito de Éfeso, o mundo se constrói de uma luta constante e interminável entre qualidades opostas (assim, por exemplo, o mel se faz de um combate entre o amargo e o doce, o seco e o úmido etc.). Nesse universo, qualquer harmonia é sempre provisória, resultando de um equilíbrio precário e temporário; em seguida, o combate se reinicia. Mas como nesses equilíbrios provisórios vence sempre o mais forte, naquele momento, esse é também um universo intrinsecamente justo, onde a própria concepção de justiça está associada ao movimento do combate, como salienta Nietzsche no texto acima citado (cf., nesse sentido, as considerações de Nietzsche sobre Heráclito em *A filosofia na época trágica dos gregos*).

Eu a chamo de *sirocco*. Vêm-me suores desagradáveis. Acabou-se, então, *para mim*, o belo tempo.(...) Mas, essa música (a de Bizet) parece-me perfeita. Avança, leve, flexível, polida. É amável, não *transpira*. "O que é bom é leve. Tudo o que é divino caminha delicadamente": primeiro princípio da minha estética. Essa música é maliciosa, refinada, fatalista; permanece, entretanto, popular. Seu refinamento é o de uma raça, não de um indivíduo. É rica. É precisa. Constrói, organiza, conclui: é, assim, o oposto exato desse verdadeiro pólipo musical que é a "melodia contínua". Alguma vez já se viu, em cena, acentos mais tragicamente dolorosos? E como são obtidos? Sem caretas! Sem fraude! Sem a *falsidade* do grande estilo! Enfim, essa música toma o ouvinte por inteligente e mesmo por músico – por aí, também, é a exata antítese de Wagner, que era tudo o que se quizer mas, em todo caso, o gênio mais *descortês* do mundo (Wagner nos toma, em suma, por... Ele repete a mesma coisa tantas vezes, que não é mais possível: acaba-se por acreditar nelas...). (...) Bizet torna-me fecundo. Tudo o que é bom torna-me fecundo. É a única gratidão que eu conheço; é também a única *prova* de que disponho para designar o que é bom. Esta obra também libera; (...) ela conduz para longe do norte *brumoso*, de todos os vapores do ideal wagneriano. A ação, por si só, é suficiente para nos liberar. Ela guardou, de Mérimée, a lógica na paixão, a precisão da flecha, o *implacável* rigor; ela tem, sobretudo, o que é próprio dos países quentes, a secura do ar, a *limpidezza* do ar. Aí, sob todas as relações, o clima muda. Aí fala uma outra sensualidade, uma outra sensibilidade, uma outra alegria serena. Esta música é alegre, mas não de uma alegria francesa ou alemã. Sua alegria é africana.(...) Enfim, o amor, o amor, re-transposto na *natureza* original! Não o amor de uma "virgem ideal"! Não o amor de uma "Senta sentimental"! Mas o amor concebido como um *fatum*, uma *fatalidade*, o amor cínico, inocente, cruel – e é justamente aí que está a *natureza*! O amor: nos seus meios, a guerra; no seu princípio, o *ódio mortal* dos sexos. Eu não conheço outro caso em que o humor trágico, que constitui a essência do amor, se exprima com mais rigor, em uma fórmula mais terrível, do que no último grito de don José, que conclui a obra: "Fui eu

que te matei, minha Carmen, minha Carmen adorada!" Bem
rara é tal concepção de amor (a única digna do filósofo): ela
distingue uma obra de arte entre mil.[10]

Muitos viram nessa guinada, em direção à *Carmen* de Bizet, apenas um artifício para afrontar ainda mais o músico/poeta Wagner. Afinal, como é possível que a "soberana inteligência sinfônica" wagneriana virasse, de repente, "brutal, artificial e 'naïf'", quando comparada com a de Bizet? E por que a "melodia infinita" de Wagner (aí chamada de "melodia contínua") – brumosa: sem começo, meio e fim, mas até então a pedra de toque na construção do espírito trágico em obras como *Tristão e Isolda* e *O Anel dos Nibelungos* – tornava-se, sem mais nem menos, inferior a uma outra que "constrói, organiza, conclui" e cuja ação tem a "precisão da flecha"?

Poucos se lembraram de que, para Nietzsche, o trágico sempre carregara, de fato, o caráter do *leve*, do *alegre*, ao mesmo tempo em que exprimia o mais doloroso sofrimento (ele chegara mesmo a comentar que os gregos deviam assistir às tragédias dando boas gargalhadas dos enganos contínuos do herói). Também não perceberam que a leveza, a alegria e a flexibilidade da música popular, presentes na *Carmen*, tornavam-na mais próxima do espírito trágico nietzschiano do que toda a música wagneriana, pouco importando que esta pudesse ser infinitas vezes mais refinada, inovadora e revolucionária do que a de Bizet. A revolução aspirada por Nietzsche era de outra índole; não bastava ser *revolução estética*, tinha, fundamentalmente, que servir à *vida*, à sua *expansão*, ao seu *enriquecimento*. Quando ele viu, em *Parsifal*, o quanto a música refinada, "revolucionária" podia servir ao ideal ascético, à propagação de valores morais e niilistas, como a castidade, a piedade e a procura de além-mundos,

---

10. Nietzsche, F. *Les cas Wagner* in *Oeuvres Philosophiques Complètes*, Gallimard, Paris, vol. VIII, p. 21-3. As referências, no texto, à "virgem ideal" e a "Senta sentimental" apontam, respectivamente, para Brünnhilde e para Senta, personagens de *O Anel dos Nibelungos* e *O Navio Fantasma*, duas obras de R. Wagner.

achou que era hora de declarar guerra às brumas musicais de Wagner e fazer aliança com a alegria cigana de Bizet[11].

Mas havia aí, além disso, outros sentidos que poucos perceberam: deslocar as aspirações da arte trágica para a *Carmen* significava, naquele momento, fazer aliança com *o estrangeiro*, com a música popular cigana (e sua alegria africana, como dizia Nietzsche), buscando saídas para o cultura européia. Se lembrarmos que Dioniso – o deus trágico – é o deus da *alteridade*, que se expressa no contato de cada um com *o estranho que o atravessa e o habita*; mais ainda, que esse estranho-imanente pode emergir e se fortificar na relação com o *diferente/estrangeiro* encarnado em obras culturais, a escolha de Nietzsche talvez pareça menos casual. "Um outro clima", "uma outra sensualidade", "uma outra sensibilidade": isso significava um *outro* mundo, capaz de abrir espaços respiradouros na carapaça moral reinante na cultura musical européia (ainda que Bizet fosse francês). Significava, também, deslocar a ênfase do *individual* para um solo *pré-individual*, já que o drama musical wagneriano tinha uma tendência individualizante ["Seu refinamento (da *Carmen)* é o de uma raça, não o de um indivíduo", fazendo referência aí à cultura cigana de Andaluzia]. Isso implicava em restabelecer claramente o privilégio do *impulso dionisíaco* sobre o *impulso apolíneo*, no *trágico*, sentido que tomaram, aliás, todas as teorizações posteriores do filósofo sobre o assunto[12].

Se é possível concluir, então, que a música e a orquestração da *Carmen* podem evocar Dioniso por atualizarem "uma outra sensualidade, uma outra sensibilidade, uma outra alegria serena",

---

11. Para um aprofundamento dessas questões envolvendo *Parsifal*, cf., neste volume, o capítulo que tem esse assunto por tema.

12. N'*O Nascimento da Tragédia*, Nietzsche pensa o trágico como fusão e harmonia entre os dois impulsos: o *dionisíaco* (pré-indivudual, expressando estados de fusão com a natureza, a raça, a cultura) e o *apolíneo* (basicamente individualizante). Posteriormente, o *impulso dionisíaco* ganha um destaque cada vez maior nas teorizações sobre o tema: Nietzsche chega a propor que o trágico implica num *sacrifício do individual*, sob a forma do *sacrifício do herói*. Cf., nesse sentido, "O que devo aos antigos" in *Crepúsculo dos Ídolos*, aforismo 5.

o libreto, também, nos apresenta todos os ingredientes de um argumento trágico. Carmen é um personagem que os gregos reputariam como a própria encarnação da *hýbris* (=desmesura): ela desafia todos os limites, códigos, valores morais, que se oponham aos caminhos que o amor, o desejo, lhe indicam. Sua entrada em cena, no primeiro ato, cantando a *Habañera* já proclama: "O amor é um pássaro rebelde, ele nunca, nunca, conheceu leis..." A contra-parte dessa desmesura, as *forças do destino*, capazes de dobrá-la, somente fazem a sua aparição no terceiro ato quando Carmen, ao ler a sorte através das cartas de baralho, constata : "A morte! Eu li bem...eu, em primeiro lugar. Ele, em seguida...para ambos a morte!" e acrescenta: "(...)Se você tem que morrer, se a palavra terrível está escrita pela sorte, recomece vinte vezes ...a carta impiedosa repetirá: a morte!" Mas mesmo sabendo que vai morrer, Carmen desafia o destino: no confronto final com Don José quando – obcecado pelo ciúme e já a ameaçando de morte – ele lhe pergunta se ela ama o toureiro Escamillo ela, destemida, responde-lhe: "Eu o amo. Eu o amo. E, diante da própria morte, repetirei que o amo". Talvez, nesse sentido, a frase que melhor defina o personagem seja a resposta final dada a Don José, nesse mesmo confronto: "Carmen jamais cederá. Livre ela nasceu e livre morrerá". É nesse tom de valentia que conduz a sua vida, do começo ao fim. A partir dessas considerações, tornam-se possíveis as mais diferentes especulações sobre o caráter trágico desta ópera. Aí se defrontam, em combate, a desmesura e as forças do destino, o transbordamento dos instintos e a lei, a liberdade e a "responsabilidade" amorosas.

Por tudo isso, talvez seja possível perceber na paixão nietzschiana pela *Carmen* menos um subterfúgio rancoroso contra Wagner, do que um redirecionamento das esperanças de renascimento da arte trágica, na contemporaneidade.

É óbvio, entretanto, que permanecem aí mil controvérsias. Músicos dirão – e com toda a razão – que não se pode comparar a importância do músico Wagner com a do músico Bizet, nem em termos da revolução produzida pelo primeiro nas artes sonoras, nem colocando lado a lado as obras em questão, tanto no nível da complexidade e do refinamento musical, quanto na forma de construção harmônica etc. Para muitos, *Carmen* representa um retrocesso na história da música, se comparada a obras como *O Anel dos Nibelungos* ou mesmo *Parsifal*, pois está muito mais ligada à tradição da ópera: à importância maior concedida ao canto e à poesia – em detrimento da parte orquestral; à exterioridade entre música e poesia, sendo a composição musical e o libreto executados por autores diferentes; às melodias previsíveis e fáceis de cantar, características estas que o drama-musical wagneriano tinha vindo, justamente, transformar. *Carmen* representa, nesse sentido, uma guinada do erudito em direção ao popular, do sem-chão wagneriano para o tablado flamenco, das brumas do Reino do Graal para a poeira das arenas de touro. É inegável, entretanto, que o drama se humaniza, que o *pathos* expresso mobiliza mais diretamente a participação, o entusiasmo, a alegria exuberante; com *Carmen*, pode-se dizer que a ópera se torna, finalmente, *dançarina*.

Da relação de Nietzsche com a obra wagneriana sobram-nos indicações interessantes, que dão elementos para cartografá-las, possibilitando-nos descrever as diferentes forças que as atravessam, seja para construir um tipo de arte eminentemente *trágico* ou de inspiração *cristã*. São justamente estas indicações que utilizo nos dois ensaios que se seguem, que constituem o núcleo desta reflexão e que têm como tema *O Anel dos Nibelungos* e *Parsifal*[13].

---

13. Utilizo, principalmente: o aforismo 11 de *Richard Wagner em Bayreuth*, os fragmentos póstumos 11[56], 14[1] e 14[11], preparatórios de *Richard Wagner em Bayreuth* e o aforismo 4 de *O Caso Wagner* para a interpretação de *O Anel dos Nibelungos*; os aforismos 2, 3, 4 e 5 da terceira dissertação da *Genealogia da Moral* e o aforismo 256 de *Além do Bem e do Mal* para a interpretação de *Parsifal* (sendo a referência bibliográfica básica a edição crítica da obra de Nietzsche, organizada por Giorgio Colli e Mazzino Montinari: *Werke. Kritische Studienausgabe*, Berlin, Walter de Gruyter & Co., 1967-78). Cito estas fontes, aqui, para indicá-las ao leitor interessado, já que nem todas aparecem diretamente citadas nas notas dos referidos ensaios. Também cabe aqui, uma consideração breve sobre a *metodologia* utilizada nesses dois ensaios que se seguem, já que ela não aparece tematizada em nenhum outro lugar. Ela está fundamentalmente

Para finalizar essa introdução, gostaria de tecer algumas considerações sobre a importância da *arte trágica* no mundo contemporâneo, já que foi em torno dessa questão que girou toda a polêmica Nietzsche-Wagner. O que ela nos traz de mais precioso talvez possa ser resumido numa única expressão: *uma valorização da vida, em todos os seus aspectos*. Convém, entretanto, precisar o que isso quer dizer.

Poderíamos começar perguntando de que *vida* se trata. E aí é fundamental se diferenciar o que Nietzsche designava por *vida* do que ele chamava de *sobrevivência*.

Grosso modo, a sobrevivência descreve já um empobrecimento da vida; quando meramente sobrevivemos, isso quer dizer que estamos vivendo de forma bastante precária, incipiente. A vida é um fluir de intensidades que se apropriam de mundo e se expandem em novas intensidades, num movimento crescente e inesgotável. Ela engloba, sem dúvida, a sobrevivência, mas como a sua dimensão mais baixa, o seu *alicerce:* esse *funcionamento adaptativo* que pode ser o ponto de apoio para movimentos de maior expansão, *criativos, transformadores*. A sobrevivência depaupera a vida quando a reduz aos seus horizontes utilitários, toscos[14].

Também é importante enfatizar que a vida de que se fala é a *vida terrena*, a única que existe para o pensador ateu. Quaisquer formas culturais que apregoem a existência de outras vidas e de outros mundos representam formas de desqualificar, de despotencializar

---

calcada na *genealogia nietzschiana*: trata-se de *mapear o conjunto das forças* que articulam, atravessam e constituem as duas obras *(O Anel dos Nibelungos* e *Parsifal)*, impondo-lhes um tipo próprio de *temporalidade* e propagando certos tipos de *valores*. Mais ainda, trata-se de avaliar essas temporalidades e esses valores enquanto *valores frente à vida* (sobre a genealogia nietzschiana cf. Marton, Scarlett *Nietzsche – das Forças Cósmicas aos Valores Humanos*, cap. II: "O procedimento genealógico: vida e valor", São Paulo, Brasiliense, 1990).

14. Naffah Neto, A. *Nietzsche – A Vida como Valor Maior*, op. cit. , p. 56-7.

essa vida, frente a modelos ideais[15]. Valorizá-la em todos os seus aspectos significa, por sua vez, *amá-la* em tudo o que ele implica e com tudo o que ela traz, desde as maiores dores até os mais refinados prazeres, passando pela tristeza e pela alegria, pelo luto e pela festa, pela doença e pela saúde; *amá-la e desejá-la ad aeternum,* passando pela prova do *eterno retorno*:

> E se um dia ou uma noite um demônio se esgueirasse em tua mais solitária solidão e te dissesse: "Esta tua vida, assim como tu a vives e como a viveste, terás que vivê-la ainda uma vez e ainda inúmeras vezes; e não haverá nela nada de novo, cada dor e cada prazer e cada pensamento e cada suspiro e tudo o que há de indizivelmente pequeno e de grande em tua vida há de retornar, e tudo na mesma ordem e seqüência".(...) Não te lançarias no chão e rangerias os dentes e amaldiçoarias o demônio que te falasse assim? Ou viveste alguma vez um instante descomunal, em que lhe responderias: "Tu és um deus e nunca ouvi nada de mais divino!"?[16]

A cultura trágica ensina, a duras penas, a aceitação do destino. Após todas as reviravoltas de sentido que articulam a trama da tragédia ática, o herói aprende que a sua única liberdade – se é que essa palavra ainda guarda algum sentido – é a de acolher e viver o seu desti-

---

15. Estão aí compreendidas todas as formas religiosas que pregam o ideal ascético - como o cristianismo, ou certas formas de budismo, por exemplo - mas não religiões politeístas, como a dos gregos ou a dos germanos antigos, cuja mitologia Wagner utilizou na criação de *O Anel dos Nibelungos*. Nesse caso, o mundo dos deuses simplesmente amplificava e dava forma estética ao universo das paixões humanas, com todas as suas articulações, singularidades, contradições. Nietzsche via na religião grega ainda uma outra vantagem: como os deuses eram, de certa forma, considerados responsáveis pelos crimes humanos (sob a forma de atos de *possessão*), essa forma religiosa protegia o mundo humano de uma *avaliação moral*, evitando uma seleção de aspectos do ser a partir dos critérios de *Bem* e *Mal* e permitindo, assim, que a vida pudesse ser amada e valorizada em *toda* a sua multiplicidade.

16. Nietzshe, F. *A Gaia Ciência*, aforismo 341, in *Nietzsche*, col. Os Pensadores, Abril, São Paulo, 1978, p. 208-9.

no; não há nenhuma outra. E que a porção de vida que lhe cabe é essa mesma, nenhuma outra; ou ele aprende a amá-la e a retirar dela todo o calor e a luz de que necessita, ou está condenado a morrer no frio. Fora de qualquer proteção divina – ou, pelo menos, numa condição em que estar sob a proteção de um deus significa, quase sempre e ao mesmo tempo, estar sob a perseguição de um outro – num mundo onde reina a luta e a intempérie, o universo trágico ensina a coragem, a perseverança e, acima de tudo, a *humildade* na relação com a vida[17]. A noção nietzschiana de *eterno retorno* carrega essa inspiração: a da conquista do *amor fati* (amor ao destino). Conseguir acolher e aceitar o próprio destino constitui um desses raros instantes que valem uma eternidade, pois possibilita à vida afirmar-se em todo o seu esplendor. Aí, torna-se possível dizer: "Poder viver esse instante valida todo o percurso anterior. E se tudo tivesse que se repetir eternamente, para chegar novamente aqui, infinitas vezes, eu diria sim".

Só a cultura trágica pode trazer-nos esse tipo de pedagogia. Por isso ela era tão cara a Nietzsche, por isso ele tentou, de todas as formas, encontrar um elo de continuidade para ela, na contemporaneidade. Que a sua busca possa servir de exemplo para todos nós – que, como ele, amamos a vida acima de tudo – qualquer que seja a nossa posição nessa intrincada polêmica Nietzsche-Wagner-Bizet. Pois, nessas questões, trata-se menos de saber quem tem razão, do que de considerar as causas em jogo e o valor delas para a humanidade. As obras de Wagner, de Bizet ou de Nietzsche, em si próprias, constituem e constituirão sempre, no horizonte da sua genialidade, fontes de referência par todos nós. Para além de qualquer polêmica.

---

17. Hölderlin considera, justamenta, que o universo trágico se funda quando os deuses e os homens dão-se as costas, numa relação de pura infidelidade. A esse respeito, comenta Peter Pelbart: "Ali onde havia o deus, resta o tempo, mas o tempo enquanto condição, isto é, enquanto Forma, sem conteúdo, vazio, puro. Ali onde reinava o tempo homérico, povoado de deuses, ditando o seu ritmo, abre-se agora, com a virada categórica do deus, que na sua virada é Tempo, abre-se pois um céu vazio, puro, livre, ou um deserto pânico" (Pelbart, Peter Pál *O tempo não-reconciliado*, São Paulo, Perspectiva, 1998, p. 76).

2

O Sentido das Mortes e Transmutações N'O *Anel* dos *Nibelungos*: As Múltiplas Máscaras de Wotan

Como toda arte trágica, *O Anel dos Nibelungos*, é também uma recriação livre do músico/poeta Wagner sobre mitos já conhecidos; no caso, tomando por base a mitologia germânica. Esta, bastante vasta, abrange não somente os mitos dos germanos do oeste – antepassados dos alemães e dos anglo-saxões – mas também os dos germanos do norte – estabelecidos nos países escandinavos – e foi conservada quase que exclusivamente pela Islândia[18]. E como toda mitologia, a germânica

---

18. Guirard, F. "Mitologia Germânica"in *Enciclopédia Delta-Larrousse*, vol. IV, Delta, Rio de Janeiro, 1960, p.1820. Segundo Barry Millington: "As principais fontes utilizadas por Wagner para *O Anel* foram as seguintes: a Edda poética (ou antiga), a *Völsunga Saga*, e a Edda em prosa por Snorri Sturluson (todas as três compiladas na Islândia, provavelmente na primeira metade do século XIII); *Das Nibelungenlied*, um poema épico escrito em alemão medieval por volta de 1200; e *Thidreks Saga of Bern*, uma narrativa em prosa escrita em torno de 1260-70 em norueguês antigo. (...) O teatro grego foi também uma influência fundamental... A *Oréstia* sugeriu não apenas a estrutura em trilogia (...), como também a confrontação de pares de personagens, a possibilidade de encadear episódios sucessivos pelos temas da culpa e da maldição e, talvez mesmo, o princípio do Leitmotiv (na maneira usada por Ésquilo, de imagens recorrentes)."[Millington, B. (org.) *Wagner - Um compêndio*, Jorge Zahar Editor, Rio de Janeiro, 1995, p. 326].

também tematiza a criação do mundo, as origens e transmutações da humanidade, nas suas diversas passagens mediatórias pelo universo divino e heróico. No caso específico d'*O Anel*, Wagner explora a força bélica das paixões, como desencadeadoras dos grandes acontecimentos cósmicos, das contínuas mortes e renascimentos de que se nutre o devir do mundo. O roubo do ouro do rio Reno por um gnomo ardiloso, Alberich – da raça dos Nibelungos, que habita as entranhas da terra – desencadeia, através da cobiça, uma grande quebra na ordem natural, ao retirar, do seu *locus* originário, mantida em serena paz, uma força natural adormecida (o ouro). O despertar dessa força, transportada para o universo fervilhante da cobiça – quando ele é forjado num anel mágico, capaz de dar *poder* absoluto àquele que renunciar ao *amor* – diferencia e coloca em choque novas e diferentes paixões, num ciclo de lutas, nascimentos, mortes e transmutações, através dos quais o mundo constrói o seu destino. É como se assistíssemos à contínua diferenciação de um princípio ao mesmo tempo unitário e múltiplo, algo próximo ao Um-múltiplo de que nos falava Heráclito de Éfeso, com a diferença de que aí não se trata do fogo-elemento natural transmutando-se em água, terra etc. mas, quiçá, do fogo-paixão desdobrando-se em amor, poder, respeito, desafio etc.. É precisamente a partir dessas lutas entre as forças/afetos pelo controle do mundo, que se constituem os personagens e a trama d'*O Anel*.

Wotan, o maior dos deuses, é o personagem principal, o herói-trágico, encarnação desse Um-múltiplo do qual os outros deuses e heróis representam diferenciações, vértices, ângulos: a vitória, sempre provisória, de um afeto sobre o outro, gerando o domínio de uma das formas, de um dos personagens. Um exemplo desse processo é quando, na trama d'*A Valquíria* – o segundo dos dramas-musicais que compõem *O Anel*[19] – a deusa Fricka, esposa de Wotan, encarnando a lei, o respeito aos tratados, tenta controlar a ação de Brünnhilde, filha guerreira de Wotan e sua

---

19. Os outros três dramas-musicais são, respectivamente: *O Ouro do Reno* (o primeiro deles), *Siegfried* (o terceiro) e *O Crepúsculo dos Deuses* (o quarto e último).

enteada, que encarna a prevalência dos laços de sangue. Fricka quer que Brünnhilde defenda Hunding, o marido ultrajado por Siegmund e Sieglinde (esposa de Hunding e irmã-gêmea de Siegmund), posto que os dois irmãos romperam os laços do casamento de Sieglinde e tornaram-se amantes. Culpados de duplo crime, adultério e incesto, devem ser punidos. Entretanto, Siegmund e Sieglinde são filhos bastardos de Wotan e meio-irmãos de Brünnhilde que, nesse sentido, quer apoiá-los na luta que os dois homens rivais irão travar. Nesse momento, Wotan fica dilacerado entre a esposa e a filha, que dão forma aos seus dois lados em luta. Penderá para os argumentos de Fricka, mas o amor filial/fraternal de Brünnhilde subverterá o equilíbrio precário, gerando, novamente, luta e diferenciação. É assim que se desenvolve, o tempo todo, a trama d'*O Anel*. Seguindo essas indicações, o propósito deste ensaio é pensar *o sentido da morte* na constuição trágica desta obra, pesquisando como as sucessivas *mortes-acontecimentos* são capazes de instaurar um *processo de transmutação*, responsável, em última instância, pelo devir-criador que se segue, desde as forças naturais até a constituição e o ocaso do mundo dos deuses. Também pretende discutir o quanto é esse *sentido de morte e de renascimento*, constitutivo da trama d'*O Anel*, articulado à sua temporalidade *circular-espiralada*, que o define enquanto *arte trágica*.

O início de toda a trama mítica d'*O Anel*, curiosamente, só aparece relatado no último dos dramas-musicais *O Crepúsculo dos Deuses*, através do canto das Nornas, entidades que, tais quais as Parcas gregas, são as encarregadas de tecer as tramas do destino. No início – elas cantam – havia um freixo, a árvore símbolo da imortalidade: era "o freixo do mundo", cujas raízes eram banhadas por "uma fonte e suas águas corriam, murmurando a sabedoria"[20].

---

20. Todas as citações de texto, dos libretos dos dramas-musicais wagnerianos, virão sempre entre aspas. As respectivas traduções para o português foram feitas por mim, a partir da versão francesa e do original alemão, tais quais aparecem no livro: *Guide des Operas de Wagner*, Fayard, Paris, 1988.

Então, um ramo sagrado, vasto e vigoroso, diferenciou-se do tronco, ao mesmo tempo que um deus cheio de audácia veio beber da fonte; sua audácia foi paga com a perda de um dos olhos, vazado pelo ramo. Esse deus era Wotan que, furioso, quebrou o ramo e construiu uma lança.

Notemos, então, que essa quebra produz, já aí, a primeira morte-acontecimento, gerando as primeiras transmutações: a árvore e a fonte secam, restando do freixo somente a lança de Wotan e um monte de lenha seca (a mesma que, no final, incendiará e destruirá o mundo dos deuses); a sabedoria da fonte murmurante, por sua vez, produz a inteligência de Wotan, o único que bebeu das suas águas. Assim, as transmutações que se processam, nesse momento, conduzem os elementos de um nível puramente *natural* para uma dimensão *simbólica:* a árvore torna-se lança e lenha para fogo; o murmúrio sábio da fonte torna-se, por sua vez, pensamento e linguagem. Como conseqüência, o primeiro ato de Wotan, após construir a lança, é gravar sobre ela as runas dos tratados concluídos, sob a forma de leis do mundo. Nesse sentido, a *razão* e a *justiça,* até então imanentes à natureza, pré-verbais, tornam-se verbo, discurso divino, escritura, lei[21]. Com isso há uma perda de contato com a totalidade primordial, o que quer dizer, uma quebra na harmonia natural preexistente. Wotan terá um dos olhos voltado para a dimensão do real que se faz *visível* – o espaço instituído das formas acabadas – e o outro, o olho cego, para a que permanece virtual, *invisível* – o universo das forças em devir: primeira oposição que

---

21. Apenas a título de uma associação possível, uma passagem desse tipo aparece na ruptura que se faz entre o universo pré-socrático e o universo pós-socrático, na Grécia Antiga. Para Heráclito de Éfeso, por exemplo, *lógos* (a razão) e *dike* (a justiça) são imanentes ao cosmos: *lógos* designa a ordem que rege a totalidade do cosmos, à qual o homem pode ter acesso (em maior ou menor grau) e *dike* designa a luta entre os opostos que reina no seio de todo devir. Já no universo pós-socrático, a *metafísica* deslocará *lógos* para o âmbito das faculdades humanas (e só assim Aristóteles poderá descrever o funcionamento da *lógica,* enquanto *razão* eminentemente *humana),* de forma análoga à que o *direito* deslocará *dike* também para o escopo das *leis humanas.*

se produz. Nesse sentido, o *mundo*, que é criação do deus, já encontrará essas dimensões dissociadas e em luta: as *formas visíveis*, instituídas, com seus limites, seus códigos, funcionam como força de resistência ao *devir invisível*, transbordante, constituído por forças que extravasam quaisquer formas, quaisquer limites, num movimento de pura liberdade. .

Mas esse é o relato das origens pré-históricas d'*O Anel*. A história começa mesmo, n'*O Ouro do Reno*, com o já citado roubo de Alberich. Podemos considerar esse gnomo como encarnando o duplo escuro de Wotan, dissociado, independente; um personagem arrebatado pela ambição que, na sua ânsia de poder, é capaz de renunciar ao amor e, de posse do anel, tornar-se um déspota. É isso, efetivamente, o que acontece, tornando urgente que o anel lhe seja usurpado e permaneça em posse de Wotan que, se não pode usufruir dos seus poderes mágicos – pois não renunciou ao amor – pode, pelo menos guardá-lo de mãos pouco escrupulosas, capazes de colocar em risco o poder dos deuses e as leis do mundo. Toda a trama d'*O Anel* se faz das tentativas frustradas de Wotan para se apoderar do anel e permanecer com ele. Inicialmente, ele o rouba de Alberich, com a ajuda de Loge, o deus do fogo, momento em que o gnomo lança a maldição de que o anel trará a morte a quem nele tocar. Também são roubados do gnomo tesouros por ele acumulados, além de um elmo mágico, capaz de dar invisibilidade ou qualquer outra forma desejada àquele que usá-lo. Mas, dentre todas essas riquezas, o anel ocupa um lugar de destaque: ele circulará por várias mãos, cumprindo efetivamente a maldição lançada sobre ele, até retornar, no final d'*O Crepúsculo dos Deuses*, à guarda das filhas do rio Reno, seu lugar originário.

Todos os tesouros roubados de Alberich – incluindo o anel – irão parar nas mãos de dois gigantes irmãos, Fasold e Fafner, incumbidos por Wotan de construir Walhall, o castelo de onde o deus comanda o mundo, auxiliado por sua filhas valquírias, mulheres guerreiras, encarregadas de trazer para o castelo os guerreiros mortos em combate e, assim, formar um exército capaz de proteger os deuses contra os seus inimigos. Wotan vê-se obrigado a dar esses tesouros aos dois gigantes, em pagamento pela construção do castelo, caso contrário teria que entregar-lhes a deusa Freia, o preço inicialmente combinado. Eles servem, assim, como permuta para que a deusa da beleza e da juventude – guardiã das maçãs douradas que garantem juventude eterna aos deuses – não se torne posse dos dois gigantes. Por aí já se pode ver o quanto Wotan se enreda nos seus próprios tratados, na palavra empenhada, que deve ser cumprida para que ele não perca o crédito e o poder entre os seus súditos. Ou seja, desde o momento em que a razão e a justiça deixaram de ser imanentes à natureza e tornaram-se verbais, os enredamentos foram instituídos para todo sempre. O que significa dizer que a linguagem funciona como um instrumento incapaz de conciliar os vários ângulos da vida: ao abarcar um, deixa sempre escapar outro. É por essa razão que, conforme o que já foi dito anteriormente, toda a trama d'*O Anel* é atravessada pela luta entre o impulso à liberdade e o limite da lei. Poderíamos acrescentar aí, como variante dessa contenda, aquela encarnada pelo anel: a luta entre o *amor* (e seu movimento conjuntivo, construtor) e a *vontade de domínio* (e seu movimento disjuntivo, destruidor). Quando todas essas forças jaziam na sua sabedoria natural, não havia oposição entre elas: as águas da fonte eram, ao mesmo tempo, livres no seu fluir e limitadas no seu espaço; enquanto tais, sábias no seu murmúrio. O impulso natural, por sua vez, reunia a destruição e a construção como partes de um mesmo movimento criador. Portanto, não é demais repetir: as oposições e as lutas nascem quando Wotan – ao quebrar o galho de freixo para fazer a sua lança e beber da água da fonte sábia – extrai da natureza e transfere para si próprio os critérios da justiça e da razão, confiando ao pensamento e à linguagem – necessariamente parciais, (apesar de divinos) – o que antes era obra da harmonia natural.

Ao receberem os tesouros, os irmãos gigantes entram em luta pela sua posse e Fafner mata Fasolt, ocorrendo a segunda morte-acontecimento que, além de cumprir a maldição de Alberich, assinala uma nova transmutação: o surgimento do *universo dos heróis*. Após matar o irmão, Fafner transforma-se num dragão para melhor guardar as várias riquezas, em especial o anel. E Wotan, novamente sem a posse da jóia, passa a aspirar à criação de um herói que seja mais livre do que ele, que não esteja preso a nenhum tratado e seja, assim, capaz de resgatá-la do dragão. Então gera, com uma fêmea humana, dois filhos gêmeos: Siegmund e Sieglinde, esperando que Siegmund seja esse herói esperado. Entretanto, será somente um herói de segunda geração, o filho de Siegmund: Siegfried que conseguirá a proeza, numa luta contra o monstro.

O aparecimento do universo heróico comporta sempre, como elemento necessário, o aparecimento da figura do dragão. Segundo Junito de S. Brandão: "para conquistar a força da alma (...), o herói terá que superar o seu 'dragão interno', o perigo existente nele mesmo, a exaltação imaginária dos desejos dispersos, ameaça configurada externamente pelo dragão, que impede o acesso à virgem"[22]. No caso d'*O Anel,* o dragão impede o acesso à jóia; a captura da jóia, por sua vez, dará acesso à virgem: Brünnhilde. Mas essa história será contada mais adiante.

Antes de iniciar a narrativa d'*A Valquíria,* convém assinalar que é n'*O Ouro do Reno* que Wotan exibe o máximo da sua força, da sua potência divina, embora já esteja bastante enredado nos seus tratados, procurando conciliar, inutilmente, os conflitos entre os diferentes impulsos em luta. O momento da geração de Siegmund e Sieglinde é um instante em que o impulso à liberdade suplanta, mesmo que provisoriamente, o respeito à lei: são filhos gerados em adultério, com uma fêmea humana e Wotan será posteriormente acusado por Fricka por essa licenciosidade (bem como por outras anteriores, como o adultério com Erda, a deusa da terra, de onde nasceu Brünnhilde e suas irmãs valquírias[23]). Por sua vez, a história

---

22. Brandão, J. S. *Mitologia Grega,* vol. III, Vozes, Petrópolis, 1989, p. 195.

23. Há controvérsia se todas as valquírias são filhas de Erda ou se somente Brünnhilde seria sua filha, sendo as outras guerreiras filhas de outras divindades, frutos de outras prevaricações de Wotan (cf., nesse sentido, Barry Millington, op. cit., p.151-2).

que se segue carregará as marcas dessa origem: Siegmund e Sieglinde serão filhos da liberdade e pagarão o preço por essa desmesura.

A Valquíria começa com Siegmund, extenuado após uma luta e fuga, buscando refúgio na casa de Sieglinde e Hunding, sem saber que é a casa de sua irmã-gêmea, há muito desaparecida. O que aconteceu é que Wotan, após gerar esses filhos e viver algum tempo com eles, abandonou-os às intempéries da vida, para que se tornassem fortes e independentes. Com isso a família foi dizimada e dispersa: a mãe morta, Sieglinde raptada e coagida a se casar com Hunding e Siegmund perambula pelo mundo à procura do pai e da irmã desaparecidos. Mas, ao mesmo tempo, Wotan enterrou no freixo, que fica no centro da casa da filha, uma espada mágica destinada e prometida ao filho. Vários homens já tentaram inutilmente retirar a espada da árvore, pois ela está destinada a um grande herói: aquele que, segundo a esperança de Wotan, poderá resgatar o anel. Desta forma, *A Valquíria* inicia-se com a imagem do freixo, a árvore sagrada, "o refúgio dos que escapam ao cataclismo", segundo Junito Brandão[24]. Essa árvore, juntamente com a espada nela enterrada, serão o refúgio de Siegmund e, ao mesmo tempo, a sua perdição.

A seqüência dos acontecimentos é a seguinte: Siegmund é ameaçado por Hunding, quando este descobre ser ele responsável por um série de mortes, advindas da tentativa de defender uma jovem que estava sendo forçada a se casar contra a própria vontade. Tanto a jovem como os parentes mortos eram da família de Hunding, o que simplesmente duplica e reforça o tema do casamento forçado, que é a sua própria história com Sieglinde. Em seguida, os irmãos-gêmeos são tomados por uma grande paixão, sem dúvida com um forte componente narcisista, pois é a si próprios que enxergam nos olhos do outro. A partir daí, fogem da casa de Hunding – após Siegmund arrancar a espada do freixo – e tornam-se amantes. A luta que se inicia, então, é bastante polarizada:

---

24. Op. cit., vol I, p. 214-5.

Hunding encarnando a força dos tratados, não importa se livres ou forçados e os gêmeos-amantes a liberdade do desejo, levada às últimas conseqüências.

É então que Wotan vive a sua maior dor, pois querendo proteger o filho – que justamente gerou para resgatar o anel – é coagido por Fricka a retirar a proteção de Siegmund, representada pela espada mágica. Os argumentos centrais da deusa são dois. O primeiro deles é que os dois filhos bastardos de Wotan não são nem fortes, nem independentes, pois dependem exclusivamente dos favores do deus; mais do que isso, são apenas uma espécie de espelho seu: "Eles parecem fortes graças à tua ajuda, sob o teu impulso são ambiciosos: tu, somente, excitas aqueles que exaltas aos meus olhos de imortal.(...) Mas esse Wälsung, tu não o terás: *nele é somente a ti que eu encontro,* pois é por ti, somente, que ele me desafia"[25]. Este argumento destrói, assim, as pretensões de Wotan de que Siegmund pudesse ser um ser mais livre do que ele, o deus. O segundo argumento, tão forte quanto o primeiro, fala da necessidade de se preservarem as leis do mundo, caso contrário os deuses perderão o poder e desaparecerão: "(...) Ridicularizados pelos humanos, perdendo poder, nós os deuses pereceremos..."[26]. Então, Wotan, que acabara de pedir a Brünnhilde que protegesse Siegmund na luta, sente-se coagido a inverter a sua ordem e dizer à filha: "(...) Luta por Fricka, preserva o casamento e a jura!"[27]. Mas o fará com grande dor e sofrimento: "Ó vergonha sagrada! Ó tormenta infame! Angústia dos deuses! Angústia dos deuses! Cólera sem fim! Eterno desgosto! Sou o mais triste dentre todos! (...) Devo abandonar a quem amo, assassinar aquele

---

25. Wagner, R. *Die Walküre*, op. cit., p. 535, meus grifos. Wälsung é o nome que designa a família humana constituída por Wotan, geradora de Siegmund e Sieglinde; nela, o deus era conhecido como Wälse.

26. Op. cit., p.537.

27. Op. cit., p.542.

que adoro, enganar e trair aquele que depositou a fé em mim! Que desapareçam glória e esplendor, a vergonha resplandecente da pompa divina! Que desabe aquilo que eu edifiquei! Eu abandono a minha obra, desejo somente uma coisa: o fim, o fim". Em seguida, comentando sobre rumores de que Alberich gerou um descendente, afirma: "(...) O anão sem amor conseguiu esse prodígio, mas eu, que concebi no amor, não soube criar um ser livre. Eu te bendigo, pois, filho do Nibelungo! Faço-te herdeiro daquilo que me desgosta tanto; que a tua inveja devore, ávida, o brilho inútil dos deuses!"[28]. O desejo de Wotan, que clama pelo fim, realizar-se-á por etapas, através do que poderíamos designar como *as transmutações de Wotan* em direção ao seu *ocaso* e à sua *ultrapassagem*. Devemos, aqui, nos lembrar de que "uma particularidade da mitologia germânica é que os deuses não são imortais"[29]; estão sujeitos às injunções do destino e à morte.

As transmutações de Wotan têm início no exato momento em que o deus se sente completamente arrasado, tendo o seu poder suplantado, mais uma vez, pelas regras que ele próprio instituiu. Completam um ciclo, no momento que Brünnhilde – até então um prolongamento da sua vontade – desobedece-o e tentar ajudar Siegmund, na luta contra Hunding, obrigando Wotan a intervir diretamente na derrota e morte do filho. Obviamente, ao tentar ajudar Siegmund, a virgem guerreira está encarnando um dos lados de Wotan, o lado amor-filial/impulso à liberdade, mas o seu ato produzirá a primeira quebra no deus: ao ser coagido a romper a espada mágica e provocar a morte do filho, por respeito às leis do mundo, Wotan sente morrer dentro dele o senhor absoluto, capaz de ser o ponto de passagem e o vetor, deliberadamente administrado, entre os múltiplos impulsos vitais em luta.

Assume, assim uma dimensão importante essa terceira morte-acontecimento d'*O Anel*, quando o deus tem que presenciar – ou,

---

28. Op. cit., p. 541-2.

29. Guirard, F. *Mitologia Germânica*, op. cit., p. 1824.

mais do que isso, ajudar a produzir – a morte do filho, que é, também, no mesmo movimento, a morte de um lado seu[30]. A desobediência de Brünnhilde completa, por sua vez, esse ciclo transmutador de Wotan, ao separá-la e distingui-la do deus-pai. Independente, ganhando vontade própria, a virgem guerreira perderá a sua condição divina e ganhará a de mulher/fêmea (ainda que numa dimensão mais heróica do que humana). Com isso, Wotan perde o seu lado mais jovial, apaixonado, além da condição de senhor absoluto: uma parte do seu poder desloca-se para uma outra dimensão e ele já não pode mais ocupar o mesmo espaço. Tanto assim que, no terceiro drama-musical: *Siegfried*, o deus ganha a forma de um andarilho, que é a tradicionalmente assumida, nos mitos, pelos heróis *desterrados*, transitando fora do seu espaço próprio. Sintomas de uma decadência que levaria, muito breve, à completa destruição do universo divino.

A seqüência d'*A Valquíria*, após a derrota e morte de Siegmund, é a proteção e ocultação de Sieglinde, grávida, por Brünnhilde e, finalmente, o castigo da valquíria pela sua desobediência a Wotan. Gostaria de destacar aqui o último desses episódios, na medida em que ele anuncia uma nova transmutação de Wotan.

Inicialmente, Wotan fica furioso com a desobediência da filha, que pede proteção às suas irmãs valquírias, inutilmente. O castigo dela será o desterro de Walhall e a perda da condição divina; Wotan

---

30. Há, em seguida, uma outra morte: a de Hunding, fulminado por Wotan logo após ter matado Siegmund, mas eu não a considero uma morte-acontecimento, visto que ela não gera qualquer transmutação importante no rumo das coisas. Essa morte expressa, mais do que tudo, um ódio defensivo de Wotan, querendo escapar, a qualquer custo, da impotência e da dor que o atravessam. Nesse sentido, não serve para nada além de uma descarga afetiva: Wotan mata Hunding justamente pelo ódio que sente por se encontrar – ele, o maior dos deuses – totalmente aprisionado pelo princípio que esse marido ultrajado encarna: o *respeito aos tratados*. Nesse sentido, é como se, ao eliminar Hunding, tentasse eliminar as correntes que o prendem. Mas, isso é inútil, pois a guardiã maior desse respeito aos tratados, a deusa Fricka, Wotan não pode eliminar; ao contrário, ela é o personagem dominante, nesse período. Como sempre, a corda rompe do lado mais fraco: Hunding representa, aí, esse inocente-útil que serve à descarga afetiva do deus.

a fará adormecer sobre uma rocha e o homem que a despertar a desposará, tornando-se o seu senhor. Entretanto, com as súplicas da filha, o coração do velho deus, finalmente, se enternece e ele lhe concede o seu último desejo: de que só seja despertada por um herói, digno de ser seu marido. E, para que a trama se faça e o destino cumpra o seu papel, esse herói será Siegfried, o filho de Siegmund que está sendo gerado no ventre de Sieglinde.

Para que Brünnhilde só possa ser despertada por um herói, Wotan pede a ajuda de Loge, o deus do fogo, e cerca de chamas ardentes a rocha onde a filha jaz, adormecida. Assim é a sua despedida, uma das passagens mais exuberantes e ternas d'*A Valquíria:* "Adeus, valente e sublime criança! Tu, o supremo orgulho do meu coração! Adeus! Adeus! Adeus! Se é preciso te deixar, se eu não posso mais te saudar cheio de amor, se não podes mais cavalgar ao meu lado, nem oferecer-me o hidromel à mesa, se devo perder-te, tu, que eu amava, tu, prazer radiante dos meus olhos: que um fogo nupcial queime para ti, como jamais queimou para nenhuma outra noiva! Que um braseiro ardente envolva a rocha, espantando o covarde devorado pelo pavor; que o fraco fuja do rochedo de Brünnhilde! Somente conquistará a noiva um ser mais livre do que eu, o deus!"[31] Aqui, pois, Wotan, anuncia, novamente, as suas esperanças de um ser mais livre do que ele, desejando-o como marido de Brünnhilde. Será justamente das mãos desse herói – Siegfried – que Wotan viverá uma nova transmutação, já pressentida aqui na fala do deus.

Siegfried, o terceiro dos dramas-musicais, conta a história desse herói, que foi criado por Mime, outro gnomo Nibelungo, irmão de Alberich, que o encontrou junto ao corpo de Sieglinde, morta, e que o criou na esperança de que um dia, quando adulto, ele pudesse resgatar-lhe o anel. Os principais acontecimentos da trama são: a refundição da espada mágica de Siegmund, feita pelo próprio Siegfried, o que lhe garante o enfrentamento e a morte do dragão Fafner e o resgate do anel e do elmo mágicos; a tentativa de Mime

---

31. Wagner R. *Die Walküre*, op. cit., p. 569-570.

de envenenar Siegmund, para roubar-lhe o anel e o seu assassinato pelo herói; o confronto entre Siegmund e Wotan-andarilho e, finalmente, o despertar de Brünnhilde, por Siegfried, após atravessar as chamas que envolvem a rocha onde ela jaz adormecida.

A morte do dragão e a morte de Mime, são respectivamente a quinta e a sexta mortes-acontecimentos d'*O Anel*, se considerarmos a quarta a de Sieglinde. A morte de Sieglinde tem importância na trama, na medida em que faz com que o menino se crie com força, independência e, principalmente, sem conhecer o medo, em geral alimentado pelas proteções e cuidados maternos. As duas outras mortes servirão, por sua vez, para desenvolver-lhe a dom de compreender a linguagem dos pássaros e despertar-lhe o desejo amoroso. São todas mortes-acontecimentos que se juntam, pois, na produção e desenvolvimento do devir-herói. Quando mata o dragão e lambe o seu sangue, Siegfried adquire o dom de entender o canto do pássaro da floresta, que lhe conta do anel e do elmo (imediatamente recolhidos pelo herói) e adverte-o contra as intenções de Mime. Mas o sangue do dragão também lhe outorga o poder de ler os pensamentos secretos de Mime; assim ele pode perceber por si próprio as intenções assassinas do gnomo, o que o induz a matá-lo. Isso leva o herói a sentir-se extremamente só, à procura de um amigo de verdade; é então que o pássaro lhe fala da existência de Brünnhilde, despertando-lhe a libido adormecida.

Mas resta considerar uma sétima morte-acontecimento, ainda em *Siegfried*, pois é ela quem produz mais uma transmutação importante em Wotan e na trama d'*O Anel*: trata-se do confronto entre Siegfried e Wotan-andarilho, onde é destruída a lança do deus, aquela que continha as leis do mundo gravadas no seu corpo de madeira. É importante assinalar que, nesse contexto, a destruição dessa lança eqüivale a uma morte verdadeira, pois através dela é, sem dúvida, o próprio corpo do deus que perece. Tanto assim que, no último dos dramas-musicais: *O Crepúsculo dos Deuses*, Wotan já não aparecerá mais em cena, de corpo presente; somente falará através dos seus emissários.

A morte de Wotan e sua ultrapassagem por Siegfried, já é anunciada pela fala do deus, antes mesmo do confronto entre os dois, quando ele conversa com Erda, a deusa terra, pedindo-lhe que lhe leia o futuro. Após ela novamente profetizar o fim dos deuses, ele lhe diz: "O fim dos deuses não me angustia, desde que eu o quis! O que eu decidi por desespero, outrora dilacerado por uma violenta dor, cumpro livre e alegremente. Se, presa do desgosto, consagrei o mundo ao ódio do Nibelungo, eu hoje lego a minha herança ao sublime Wälsung."[32] E assim será: Wotan procurará impedir o caminho de Siegfried à rocha da valquíria, enfurecido com o tom irreverente e afirmativo do herói e tentará quebrar a sua espada com a sua lança, de forma análoga como fizera com Siegmund. Mas aqui, tanto o herói é de outro calibre como – e esta é, talvez, a leitura mais correta – Wotan busca, deliberadamente, o próprio ocaso. Ao saber que o pai perecera de forma análoga, por ter tido a espada quebrada pelo deus, Siegfried vinga-o, quebrando a lança de Wotan, o que eqüivale, conforme já disse, a eliminar o próprio corpo material do deus (já que a lança materializa e simboliza o seu poder). O drama conclui, então, com a travessia das chamas, o despertar de Brünnhilde, o canto de amor e as juras de fidelidade entre os dois amantes.

O Crepúsculo dos Deuses, o último dos dramas-musicais, conta a história do esquecimento, traição e morte de Siegfried, morte esta que produz o rompimento do último esteio de sustentação do mundo dos deuses, gerando a sua destruição, através de uma grande fogueira. As três mortes-acontecimentos envolvidas são pois: o assassinato de Siegfried por Hagen, o filho de Alberich; a auto-imolação de Brünnhilde na fogueira funerária de Siegfried e, por fim, o incêndio e destruição de Walhall e de todos os deuses. O castelo divino é destruído através da lenha amontoada no seu pátio, quando ela recebe as fagulhas da fogueira funerária de Siegfried e se incendeia. Essa lenha fora, outrora, o freixo do mundo, a árvore-origem do universo divino que, devidamente transformada, serve, agora, para gerar o seu fim. Então, é como se um círculo se fechasse.

---

32. Wagner, R. *Siegfried*, op. cit., p. 620.

O esquecimento e traição de Siegfried são tramados por Hagen e executados por sua meio-irmã Gutrune, através de uma poção mágica dada ao herói, que o faz esquecer de Brünnhilde, das juras de amor e de fidelidade prestadas a ela, antes de deixá-la na rocha ardente para correr mundo. Esquecendo Brünnhilde, ele não só desposará Gutrune, como ajudará Gunther, irmão de Gutrune, a resgatar Brünnhilde para torná-la esposa desse cunhado; isso tudo, instigado por Hagen. A razão desse plano maquiavélico, no qual tanto Siegfried, como Gutrune e Gunther são envolvidos inocentemente, é que Hagen quer se apoderar do anel, que Siegfried deixou no dedo de Brünnhilde. Precisa, pois, conseguir duas coisas: a primeira é tirar Brünnhilde da rocha rodeada de fogo: para isso convence Gunther a pedir ajuda a Siegfried, para trazê-la de lá e torná-la sua esposa; a segunda é colocar Brünnhilde contra Siegfried, fazendo-a imaginar que ele, simplesmente, a traiu. Ambas são maquiavelicamente tramadas e executadas, com a colaboração inconsciente de Siegfried.

Isso revela, entretanto, o quanto a força deste herói representa, ao mesmo tempo, a sua fragilidade. O ser mais livre do que o deus, que desconhece o medo é – em função dessa mesma liberdade, que o faz seguir os rumos que lhe indicam seu *desejo* – um homem de *memória fraca*, capaz de esquecer a *palavra empenhada*, em consequência da exuberância dessa *liberdade*, desse *desejo*. Portanto, uma presa fácil para poções mágicas. Aqui reencontramos, pois, a velha luta entre liberdade e tratado (a palavra empenhada), só que agora levada ao seu extremo, já que do resultado da contenda depende o futuro dos deuses.

A poção de amor funciona, na trama, para afirmar e reforçar o caráter de inocência e de pureza de coração de Sigfried, frente a todos os acontecimentos. Ela servirá para que, no final de tudo, Brünnhilde possa encarnar a forma mais eloqüente daquilo que Nietzsche denominava *amor fati* (amor ao destino), ao aceitar incondicionalmente toda a trama dos acontecimentos – desde a "traição" de Siegfried, até a sua morte – tendo em vista a sabedoria que tudo isso lhe trouxe: "O homem mais puro precisou me trair, para que uma mulher compreendesse, enfim!"[33].

---

33. Wagner, R. *Götterdämmerung*, op. cit., p. 689.

Mas compreendesse o quê? Compreendesse a inocência de Siegfried e através dela, ao mesmo tempo, a irredutível *inocência de todo viver*. Talvez essa seja a máxima veiculada pelo *Anel*.

Desta luta final, último combate, saem vitoriosas as leis do mundo, sendo referendada a necessidade dos tratados, das palavras empenhadas, o que significa, em última instância, a impossibilidade existencial da liberdade absoluta. Pois se o mundo se afirma, em última instância, como *caos:* excesso, exuberância de forças desconhecidas, irredutíveis ao conhecimento e ao controle, ainda assim os homens necessitarão tentar domesticar *parte* dessa alteridade através dos tratados e das leis, em função das necessidades da vida gregária.

Como em toda tragédia, há, também, o *esfacelamento do herói*: Wotan morre aos poucos, até consumir-se nas chamas, dionisiacamente retornando a uma união cósmica com a natureza. A respeito desse sacrifício, Nietzsche disse coisas muito interessantes, num dos seus últimos escritos:

> O dizer sim à vida, inclusive em seus problemas mais estranhos e duros; a vontade de vida, regozijando-se da sua própria inesgotabilidade ao *sacrificar* os seus tipos mais altos – isso foi o que eu chamei de dionisíaco, *isso* foi o que eu adivinhei como ponte que leva à psicologia do poeta *trágico*. *Não* para se desembaraçar do espanto e da compaixão, não para se purificar de um afeto perigoso mediante uma descarga veemente do mesmo – assim o entendeu Aristóteles –: mas, para além do espanto e da compaixão, para *sermos nós mesmos* o eterno prazer do devir, – esse prazer que inclui, em si também, o *prazer de destruir*...[34].

Desta forma, o que Nietzsche nos ensina é que o trágico se realiza pelo *eterno prazer do devir*, através de um movimento que é, ao mesmo tempo, de *criação* e de *destruição*, o que quer dizer, de *morte* e de *renascimento*. É precisamente essa característica que torna *O Anel dos Nibelungos* expressão da mais pura *arte trágica*: aí a morte funciona como *acontecimento*, gerando transmutações através dos quais o herói

---

34. Nietzsche, F. *Crepúsculo de los ídolos*, Alianza Editorial, Madrid, 1981, p. 135-6.

descobre a sua "essência":o *eterno devir*: morrer/renascer[35]. Aprende também a inutilidade de lutar *contra* as forças do destino, aceitando o próprio sacrifício na mais pura alegria. Relembro, nesse sentido, as palavras de Wotan: "O fim dos deuses não me angustia, desde que eu o quis! O que eu decidi por desespero, outrora dilacerado por uma violenta dor, hoje eu *eu o cumpro livre e alegremente*".[36] Talvez esse seja o único sentido em que a palavra *liberdade* possa significar algo no âmbito da tragédia: a liberdade de acolher e cumprir o próprio destino.

Pode ficar a impressão de que Wagner tenha escolhido um final excessivamente romântico para O *Crepúsculo dos Deuses*, fazendo o anel retornar para as mãos das filhas do Reno, para o sono sereno da natureza, fora do alcance das mãos do ambicioso Hagen. Afinal, o mundo que se produz e permanece, após a destruição do divino, é o mundo dos homens – sem deuses, nem heróis – do qual a ambição de Hagen é a mais pura expressão. Teríamos, então, um final mais realista se, em vez de as filhas de Reno, Hagen se apoderasse do anel e tudo recomeçasse, novamente? Penso que não, pois isso eqüivaleria a manter, em algum nível, a força mágica do divino no mundo dos homens. O desaparecimento do anel reforça a idéia de que os homens terão que tentar resolver, com seus próprios recursos, as contradições que nem os deuses nem os heróis conseguiram equacionar.

É também possível que, se O *Crepúsculo* terminasse conforme a primeira versão de Wagner, com Brünnhilde cantando um hino ao amor, em vez de se auto-imolando na fogueira funerária de Siegfried, tivéssemos um final mais digno do espírito trágico e menos niilista – como o considerou Niezsche; mas, então, teríamos perdido uma das mais belas passagens da obra, que é, justamente, a cena da auto-imolação de Brünnhilde.

---

35. A noção de *acontecimento* é das mais importantes e também das mais difíceis de definir, no âmbito de uma filosofia trágica. Impossível, pois, defini-la aqui, sem simplificá-la. Para tal, remeto o leitor ao excelente livro já citado de Peter Pál Pelbart, em que ele mapeia, descreve e avalia os rumos e as formas que essa noção assumiu no pensamento de Gilles Deleuze.

36. Wagner, R. *Siegfried*, op. cit., p. 620, meus grifos.

Por fim, é importante ressaltar que toda a descrição, aqui realizada, pode passar apenas uma idéia esquemática d'*O Anel*, em função da linearidade característica da linguagem e do pensamento, incapazes de exprimir a simultaneidade múltipla e polimorfa da música/poesia desse drama-musical. A temporalidade que a atravessa e constitui não tem nada de linear; para descrevê-la o termo mais próprio seria *circular-espiralada*[37]. Aí Wagner se utiliza dos *Leitmotive* musicais de uma forma muito peculiar, fazendo-os irromper pelas várias cenas e desdobrá-las num estofo invisível (mas audível), que compõe o presente com pedaços de passado e fragmentos projetados do futuro, simultaneamente[38]. Isso faz com que as cenas sejam *condensações*

---

37. Cf., nesse sentido, as interessantes considerações de Yara Caznók sobre o *tempo discursivo* e *direcional* da linguagem musical do ocidente desde o séc. XVIII e de como Wagner veio revolucionar essa forma de temporalidade *(Ouvir Wagner*, p. 19-22).

38. Esse tempo, que se desdobra do instante e se constrói de retalhos do passado e de projetos fragmentares do futuro, é *aiôn*. Heráclito de Éfeso tematiza essa forma de temporalidade, como o *eterno movimento de construção/destruição*, expresso através da metáfora de uma criança que, inocentemente, constrói castelos à beira-mar. Nietzsche a retoma (ainda que sem nomeá-la), ao falar da função do *instante* no *eterno retorno*. Dizem os animais de Zaratustra: "Para os que pensam como nós, as próprias coisas dançam: vêm e dão-se a mão e riem e fogem – e voltam. Tudo vai, tudo volta; eternamente gira a roda do ser. Tudo morre, tudo refloresce; eternamente transcorre o ano do ser. (...) *Em cada instante começa o ser; em torno de todo o 'aqui' rola e bola 'acolá'*. O meio está em toda parte. Curvo é o caminho da eternidade" ("O convalescente" in *Assim falou Zaratustra*, tradução de Mário da Silva, Bertrand Brasil S.A., Rio de Janeiro, p. 224, meus grifos). Essas metáforas parecem, em si mesmas, bastante eloqüentes, ainda que Gilles Deleuze nutra por elas uma série de desconfianças. Para elaborar a sua concepção de *aiôn*, o filósofo francês prefere partir de uma outra fonte: os estóicos: "Segundo Aiôn, somente passado e futuro insistem ou subsistem no tempo. Em lugar de um presente que absorve o passado e o futuro, um passado e um futuro que dividem a cada instante o presente, que o subdividem ao infinito em passado e futuro, nos dois sentidos ao mesmo tempo" ("Do Aiôn" in *Lógica do Sentido*, Perspectiva, São Paulo, 1982, p.169). Sem pretender entrar na intrincada polêmica de Deleuze acerca da concepção nietzschiana de eterno retorno, voltarei a esses temas mais detidamente no capítulo dedicado à análise de *Parsifal*, para distinguir o tempo de *eterno retorno*, que penso ser característico de *O Anel dos Nibelungos* do tempo de *Eterno Presente*, característico de *Parsifal*.

aglutinadoras, *deslocando* e rearticulando harmonicamente, de forma sempre nova e criadora, os *Leitmotive* que o ouvinte/espectador vai aprendendo a associar seja com um personagem, seja com um afeto ou mesmo com um acontecimento[39]. Esse recurso, além da inovação que representa no nível da composição musical, reforça o caráter multifacetário do espírito trágico, onde o devir das forças se produz numa temporalidade em espiral, capaz de reunir diferentes direções temporais num único instante e de fazer com que tudo transpasse tudo, num universo de múltiplos centros, num tempo de múltiplos anéis, que poderíamos talvez designar como *polifonia temporal*[40].

Na produção de cada um desses centros, no rodopio de cada um desses anéis, as inúmeras máscaras de Wotan exibem, de formas variadas, a contínua metamorfose das paixões através da qual o mundo tece a sua trama e cumpre o seu destino. Ou seriam as máscaras de *Dioniso*, helenizando, com a sua exuberância multifacetada, o universo bélico dos deuses germânicos?

---

39. Essa forma de construção, ao utilizar os recursos de *deslocamento* (afetos e fragmentos da história que se deslocam de uma cena para outra) e de *condensação* (cenas condensando fragmentos de diferentes origens), mimetiza a dinâmica do *inconsciente*, tal qual descrita por Freud. Isso leva-nos a pensar o quanto *O Anel* pode afetar o ouvinte/espectador de uma forma mais profunda e envolvente, deslocando-o dos códigos ordinários e do funcionamento linear da consciência.

40. Conforme Barry Millington assinala (op. cit., p. 326), essa maneira *polifônica* de trabalhar com os *Leitmotive* foi, possivelmente, inspirada em Ésquilo, na forma como este se utilizava de imagens recorrentes. Com relação às formas que essa *polifonia temporal* assume na composição wagneriana, cf. o texto de Yara Caznók no presente volume (*Ouvir Wagner*, p. 44-5).

3
Piedade e Devoção no Herói Casto e Tolo: *Parsifal* e A Restauração do Reino Sagrado

Parsifal, o último dos dramas-musicais de Richard Wagner, tornou-se uma de suas obras mais comentadas e das que mais produziram celeuma, dado o caráter religioso que, desde o início, a marcou. Além da ruptura com Nietzsche, que ela veio completar e reafirmar, ficou conhecida por uma série de rituais religiosos com que Wagner a cercou: durante trinta anos ela só deveria ser encenada em Bayreuth, coroando festividades religiosas, como a Sexta-Feira da Paixão e sem aplausos por parte do público[41]. Tratava-se de uma ópera, pois, para iniciados. Somente o rei Louis II, da Baviera, amigo e mecenas de Wagner, poderia, durante esse tempo, organizar representações noutros lugares e o fez por três vezes, para o seu próprio prazer, em Munique, sob a forma de concerto[42]. O *Metropolitan Opera* de Nova York viria quebrar essa regra, montando o drama-musical

---

41. As relações entre a composição de *Parsifal* e a construção de Bayreuth vão muito além da mera coincidência, articulando uma concepção e execução artísticas conjugadas, conforme assinala Yara Caznók no seu texto (*Ouvir Wagner*, p. 53-7).

42. Cf. Leclercq F. "Commentaire" in *Guide des Operas de Wagner*, op. cit., p. 852.

em 1903 e sofrendo, por isso, um processo de Cosima Wagner, a viúva do compositor. Esse processo ela, felizmente, perdeu, e isso abriu caminho para que *Parsifal* pudesse ser visto em outras partes do mundo.

A trama da obra está baseada na lenda celta do Graal e no romance *Perceval*, iniciado em versos por Chrétien de Troyes, no século XII e, após a sua morte, completado por várias mãos e adaptatado sob numerosas formas; a forma com que Wagner tomou contato foi uma adaptação de Wolfram von Eschenbach denominada *Parzifal*[43]. Entretanto, a associação do Graal com o cálice onde José de Arimatéia colhera o sangue de Cristo na cruz (tal qual aparece na obra wagneriana) não é nem de Chrétien – que concebera o Graal como um prato – nem de Wolfram – que o descrevera como uma pedra de poderes miraculosos; tais associações vêm de Robert de Boron e dos poetas anônimos que continuaram a obra de Chrétien no século XIII, segundo nos conta Barry Millington[44]. Este autor assinala também que, além dessas duas fontes de origem (uma celta, outra cristã), *Parsifal* teria ainda uma terceira, budista – presente através da idéia de metempsicose ou transmigração das almas, que aparece caracterizando a trajetória do personagem Kundry – e uma quarta, schopenhaueriana, que toma corpo na valorização do sofrimento partilhado e da renúncia[45].

Uma das principais características de *Parsifal* é a sua articulação nitidamente *moral*, ou seja, aí o mundo está claramente dividido em dois: um encarnando o *Bem*, o outro o *Mal*. Ao mundo do Bem corresponde o Reino dos Cavaleiros do Santo Graal, guardiões das últimas relíquias cristãs, respectivamente, o Graal e a lança sagrada (o cálice onde teria sido depositado o sangue de Cristo e a lança que o teria ferido). Quando o drama musical se inicia, justamente, ficamos sabendo que o rei Amfortas foi ferido pela lança sagrada, pouco antes de ela ser roubada pelo principal personagem do reino do Mal: Klingsor. Este, outrora recusado na Ordem do Santo Graal, comanda, desde

---

43. Idem ibidem, p. 850.

44. Millington, B. *Wagner. Um compêndio*, op. cit., p. 355.

45. Idem ibidem.

então, uma espécie de antro do pecado: um jardim cheio de lindas mulheres, com as quais tenta seduzir os cavaleiros do reino do Bem. Seu objetivo é apossar-se do Graal, que quer juntar à lança sagrada, como forma de aumentar seu poder. A trama de *Parsifal* constrói-se a partir dessa oposição: de um lado Klingsor tentando se apossar do Graal, de outro, os cavaleiros tentando resgatar a lança sagrada e destruir o jardim do Mal. Um detalhe importante é o fato de Klingsor ter-se castrado, ao que parece para pagar antigos pecados e para se tornar santo – segundo as palavras de Gurnemanz, um dos cavaleiros veteranos do Reino do Graal[46]. Isso lhe concede um poder ainda maior, por torná-lo imune ao veneno que usa contra os seus inimigos: a sedução sexual.

Outro detalhe importante é o fato de Amfortas ter sido ferido no momento em que era seduzido por uma das lindas mulheres de Klingsor (Kundry); temos, pois, aí, um rei claramente corruptível, mais do que isso, pecador, tendo se descuidado da guarda da lança sagrada, por motivos torpes. Então, a ferida de Amfortas não fecha jamais, numa clara alusão ao pecado que não se redime enquanto a sua causa não for eliminada, qual seja, a tentação da carne, representada pelo jardim de Klingsor e suas armadilhas. Mais precisamente, a chaga só pode fechar através da própria lança que a produziu, o que torna ainda mais premente a recuperação da relíquia sagrada.

O rei – padecendo de dores atrozes – espera a salvação através de um homem puro e tolo, dada uma profecia que recebera da Voz Divina e que dizia: "Através da piedade, o limpo (puro) e tolo adquire saber; espera por aquele que eu elegi (designei)"[47]. Esse herói será, justamente, Parsifal, cujo nome, supostamente de origem árabe, significa etimologicamente "casto e tolo" (parsi=casto e fal=tolo). Por ser "tolo" (em oposição a "sábio"), Parsifal não pertence a nenhum dos dois mundos, nem ao do Bem, nem ao do Mal; está numa distância que lhe permite transitar por ambos e poder vir a unificá-los, abolindo o mal ameaçador e restaurando o reino sagrado. E por ser "casto" (ou "lim-

---

46. Cf. Wagner, R. *Parsifal* in *Guide des Operas de Wagner*, op. cit., p. 814.

47. Idem ibidem, p. 815.

po", "puro", como diz a profecia), é incorruptível, está protegido contra os perigos das mulheres sedutoras do jardim do bruxo.

Dentre os personagens do drama musical, um dos mais importante é Kundry, a única que habita os dois reinos e se transmuta segundo a função que cumpre em cada um deles: no reino de Klingsor é a fêmea sedutora que, sob o domínio do feiticeiro, atrai os cavaleiros do Graal e os vence através dos seus encantos; quando não está nesta função, entretanto, assume a forma de uma mulher selvagem, totalmente identificada às forças da natureza e, enquanto tal, serve de mensageira para os cavaleiros do Graal. Curioso personagem esse, que pode transitar por mundos radicalmente separados, o único que, dado o seu caráter multifacetário, transmutante, poderia evocar um personagem *trágico*. Entretanto, estaríamos totalmente enganados se considerássemos Kundry como um elo de ligação entre a elaboração poética de tipo trágico e essa outra característica de *Parsifal* visto que, desde o início, o personagem é desqualificado e destituído de autonomia. No jardim de Klingsor, Kundry é escrava do feiticeiro, estando totalmente sob o seu domínio; no reino do Graal está, segundo a voz dos cavaleiros, servindo à causa sagrada para pagar pecados de antigas encarnações[48]. Desta forma, Kundry é apenas um joguete, um marionete, ora nas mãos das forças do Bem, ora nas mãos das forças do Mal. Quando Parsifal consegue resistir à sua sedução, recuperar a lança sagrada e destruir o jardim de Klingsor, ela é, finalmente, recuperada para o mundo sagrado, perdendo tanto a sua forma mais erotizada,

---

48. Cf., nesse sentido, as palavras de Gurnemanz: "(...)Ela vive aqui, hoje - quem sabe - uma segunda vida para expiar a falta de um outra existência, que não lhe foi, então, perdoada. Se ela se arrepende, presentemente, através desses atos, que para a nossa ordem são de grande ajuda, então ela age bem, isso é seguro, pois ela nos serve ajudando-se a si própria" (idem ibidem, p. 813). A desqualificação de Kundry, no Reino do Graal, aparece também através das palavras dos escudeiros, quando ela entra em cena no primeiro ato, em frases como: "Veja como voa a crina da jumenta do diabo" ou "A jumenta cambaleia" (idem ibidem, p. 810) ou ainda, quando falam do bálsamo que ela trouxe para a ferida da Amfortas: "Eu creio que, com todos esses sucos de feiticeira, ela vai fazer o nosso senhor perecer completamente." (idem ibidem, p. 812).

quanto a sua forma mais selvagem, ganhando, enfim, um forma definitiva: a de uma cópia de Maria Madalena, lavando os pés cansados do guerreiro Parsifal e enxugando-os com os seus longos cabelos. Assim, a única que poderia, a princípio, evocar uma devota de Dioniso, acaba convertendo-se, definitivamente, numa devota do Crucificado.

Parsifal já entra em cena no primeiro ato, como um jovem livre e amoral: no momento em que todos aguardam, com expectativa, o banho do rei Amfortas e o efeito de um novo bálsamo (trazido por Kundry) sobre a ferida, um cisne aparece morto, atravessado por uma flecha, e nosso herói é surpreendido, confessando o crime. A cena é construída para dar justamente a impressão de que se trata de um jovem tolo, sem conhecimento de qualquer valor, regra ou sentido mais "elevado" de vida, e a ação de Gurnemanz sobre ele é basicamente moralizante:

GURNEMANZ
(...) Tens consciência do teu pecado?
(Parsifal leva a mão aos seus olhos.)
Diz-me, criança! Reconheces a grandeza da tua falta?
Como pudeste cometê-la?

PARSIFAL
Não sabia.

GURNEMANZ
De onde vens?

PARSIFAL
Não sei de nada.

GURNEMANZ
Quem é teu pai?

PARSIFAL
Não sei de nada.

GURNEMANZ
Quem, então, te pôs nesse caminho?

PARSIFAL
Não sei.

GURNEMANZ
Teu nome, então?

PARSIFAL
Eu tinha mais de um,
mas não sei mais de nenhum.[49]

Trata-se, pois, além de tudo, de alguém que nem nome próprio possui, o que, sem dúvida, coloca Parsifal mais próximo dos animais do que dos homens: selvagem, ignorante, tolo. Quando Kundry – usando dos conhecimentos de alguém que corre mundo – conta-lhe que sua mãe morreu, ele tenta esganá-la. Pouco antes desse ato impulsivo, havia-lhe perguntado quem eram os "malvados" e quem eram os "bons" no mundo, revelando ausência de qualquer consciência moral[50]. Por todas essas razões, Parsifal está bastante próximo daquele herói anunciado pela profecia, pelo menos numa das características: a tolice. Resta saber se, além disso, ele é puro. A prova de Gurnemanz será colocá-lo em contato com a cerimônia do Graal – algo muito próximo à missa cristã – supondo que, se ela conseguir afetá-lo de alguma forma, a despeito de sua total ignorância, isso o apontará como o eleito. Como isso não acontece, ele manda Parsifal embora; mais tarde viria a perceber que o seu critério fora, no mínimo, tão tolo quanto o garoto que dispensara[51].

---

49. Wagner, R. *Parsifal*, op. cit., p. 818.

50. Idem ibidem.

51. A cerimônia do Graal, embora seja uma das cenas mais importantes da obra, do ponto de vista musical, não tem, da perspectiva da trama, destaque maior do que o já assinalado anteriormente: o de fazer uma clara alusão à missa cristã, além de colocar em cena Titurel, o pai de Amfortas, velho e doente, já sem condições de dirigir a cerimônia. Tenta, nesse sentido, pressionar o filho ferido - que se encontra bastante queixoso e mal-humorado - a assumir a batuta. Quando, finalmente, ele cede ao desejo do pai e de toda a comunidade e dá início à cerimônia, acaba fazendo-o por pura coação. Vemos, então, um ser humano totalmente destruído, desmoronado, estado este que se torna diretamente associado à sua culpa, ao seu pecado.

O segundo ato começa nos jardins de Klingsor, quando ele convoca Kundry a entrar em ação para tentar deter Parsifal, que já cruzou os portões e atacou os guardiães, ferindo alguns, afugentando outros. É aí que podemos perceber o quanto ela se encontra sob o poder do feiticeiro, através do diálogo que se segue, quando Klingsor lhe ordena que seduza Parsifal:

KUNDRY
Eu...não quero! Oh! Oh!

KLINGSOR
Queres, porque deves.

KUNDRY
Não podes me prender.

KLINGSOR
Mas posso te agarrar.

KUNDRY
Tu?

KLINGSOR
Eu, o teu senhor.

KUNDRY
Por qual poder?

KLINGSOR
Ah! Porque sobre mim
teu poder não pode nada.

KUNDRY *(com um riso agudo)*
Ah! Ah! Serias casto?

Vemos, por essa passagem, que o poder de Klingsor sobre Kundry deve-se à sua imunidade aos seus encantos sensuais, razão pela qual ela o provoca no final, tratando com ironia a sua castração: "Ah! Ah! Serias casto?", o que provoca a ira do feiticeiro mas acaba não mudando em nada o destino da comandada que terá, de fato, que cumprir a sua tarefa.

A cena da sedução e conversão de Parsifal constitui uma das mais belas do drama, do ponto de vista musical, dada a sua contextura contrastante com a tônica da obra. Já no início do segundo ato – com a entrada de Klingsor – assistimos, através da música, ao reaparecimento das paixões, dos transbordamentos, daquela sensação de perda de chão seguro, de direção predeterminada e somos lançados num turbilhão, que contrasta claramente com a serenidade, a paz espiritual que nos envolvem durante a maior parte da partitura do drama-musical[52]. Isso se deve a diferentes formas de tratar a *temporalidade*. Pode-se dizer que a música/poesia de todo o segundo ato de *Parsifal* – a cena da sedução e conversão, em especial – está construída de uma forma mais próxima daquela d'*O Anel dos Nibelungos,* onde domina uma *temporalidade heterogênea*, cada cena presente desdobrando-se em retalhos da história passada e futura, formando condensações caleidoscópicas em contínua transmutação. A tônica de *Parsifal,* pelo contrário, consiste em tratar a questão do *tempo* como um equivalente *espacial*, tal qual aparece numa das falas de Gurnemanz a Parsifal: "Vê, meu filho, aqui

---

52. Arnold Whittal comenta: "Na música deste segundo ato há também um elemento de escrita seqüencial, mas a harmonia é mais dissonante, a textura mais fragmentada, e não existe um seguro arcabouço diatônico" [Millington, Barry (org.) *Wagner-Um compêndio*, op. cit., p. 292]. Este comentário faz alusão ao contraste, mais ou menos freqüente na música wagneriana, entre a *música cromática* – que é menos estável e mais dissonante – e a *música diatônica* – com características opostas. Em *Parsifal,* de forma geral, a música diatônica é consistentemente usada para caracterizar as forças da luz e a música cromática para caracterizar os poderes do mal. Isso, entretanto, não implica qualquer esquematismo linear e simplificado, na medida em que são operados os mais diferentes tipos de cruzamentos e combinações entre as duas formas básicas de composição musical, ao longo de toda a obra e em seqüências bastante diversas (cf., nesse sentido os comentários de Arnold Whittal, op. cit.). Uma análise bastante detalhada desse contraste entre as formas de composição musical que caracterizam os atos I e III de *Parsifal*, de um lado, e o ato II, de outro lado, pode ser encontrada no texto de Yara Caznók *(Ouvir Wagner,* p. 59-61).

o tempo torna-se espaço"[53]. Isso significa *homogeneizar* o tempo, ensinou-nos Bergson[54]; entretanto, que implicações isso acarreta no nível da composição musical?

Há, sem dúvida, uma maneira diferente de trabalhar com os *Leitmotive*, aqui não mais harmonicamente combinados em formas exuberantes, numa espiral de tempo capaz de se desdobrar em passado e futuro e fazer de cada cena uma irradiação de múltiplos centros; em *Parsifal*, eles são utilizados, quase sempre, para reforçar a cena presente, contextualizando-a e tornando-a mais pregnante ou para fazer uma passagem temporal, geralmente cronológica, linear.

Para dar corpo a essa afirmação vamos examinar alguns exemplos. O primeiro deles ocorre no terceiro ato, quando Gurnemanz ouve o gemido de Kundry (que está de volta ao Reino do Graal, após a destruição do jardim de Klingsor); aparecem, então, os *Leitmotive* de *Klingsor*, da *magia* e de *Kundry*, que são temas que anunciam e reforçam a entrada em cena deste personagem feminino[55]. Dentre os três, o *Leitmotiv* de Klingsor é o único que traz à tona uma dimensão cênica invisível – a associação de Kundry ao feiticeiro diabólico, recentemente aniquilado – mas esta ligação já é sobejamente conhecida pelo ouvinte e, enquanto informação, serve apenas para anunciar e contextualizar a figura da maga, que entrará, em seguida, em campo visível. O outro exemplo que gostaria de examinar acontece, também, no terceiro ato, no momento em que Gurnemanz diz que a primavera chegou; aparece, então, o *Leitmotiv* de *Parsifal*, prefigurando a sua chegada e

---

53. Idem ibidem, p. 819.

54. Cf. Bergson, H. *Essais sur les donnés immédiates de la conscience*, cap. II, in *Oeuvres*, P.U.F., Paris, 1970.

55. Conforme Yara Caznók assinala (op. cit., p. 31-2), a *nomeação* dos *Leitmotive* é regida, neste livro, por motivos eminentemente didáticos, com vistas a uma análise possível das obras. Conforme ela nos adverte, convém sempre lembrar que é impossível pensar nesses motivos fora do contexto mais amplo, do tecido musical onde se inserem e de cuja constituição participam diretamente, no qual freqüentemente adquirem outras formas que dificultam (senão *impedem*) sua identificação e conseqüente nomeação.

associando-a à *primavera*, estação das flores. Ora, há toda uma transformação simbólica das flores em *Parsifal:* eram flores do Mal – mulheres sedutoras do jardim de Klingsor – e, com a destruição do reino maléfico, tornaram-se flores do Bem, na natureza beatificada da Sexta-Feira Santa. Assim, a primavera que surge, radiante, na cena descrita, conta silenciosamente dos feitos heróicos de Parsifal e serve para anunciar a sua chegada. Aí, mesmo que o *Leitmotiv* presentifique um elemento ausente (Parsifal), ele o faz para contextualizar a cena presente (a primavera) e prefigurar o acontecimento seqüencial que é o previsivelmente esperado pelo ouvinte/espectador: a chegada do herói. Concluindo: em *Parsifal* os *Leitmotive* servem seja para contextualizar a cena presente, visível, articulando os vários elementos num todo significativo, seja para introduzir o ouvinte na cena que se seguirá. Assim, embora eles enriqueçam o conjunto auditivo/visual, não têm a função de fazer passar diferentes tempos e diferentes centros pela cena presente, desdobrando-a em outras e irradiando sentidos temporais centrífugos, como na maior parte d'*O Anel*.

Dois exemplos extraídos d'*A Valquíria* podem ilustrar essa diferença. O primeiro dá-se no final da segunda cena do primeiro ato quando Sieglinde, ao deslocar-se para o quarto, obedecendo à ordem de Hunding, pega o chifre com hidromel, introduz nele o sonífero para o marido e, antes de sair do campo visual do ouvinte/espectador, olha significativamente para Siegmund, tentando indicar com os olhos a ponta da espada enfiada no freixo. Aí são combinados cinco *Leitmotive*: o da *compaixão*, o da *raça*, o do *amor*, o da *espada* e o de *Hunding*, ora justapostos, ora encavalados (o final de um com o começo do outro)[56]. Essa articulação é capaz de aludir, ao mesmo tempo: à *compaixão*, expandida em amor, que transpassa o coração dos dois irmãos e que se estenderá, mais tarde, até o coração da valquíria Brünnhilde (dando, pois, visibilidade ao invisível e lançando a cena rumo ao futuro); à *raça* dos Wälsungen, que uniu os dois irmãos na

---

56. Estou aqui batizando de *"compaixão"* o *Leitmotiv* geralmente designado como *"piedade"*, por achar que o primeiro nome (cujo sentido é mais amplo, apontando para a *ressonância afetiva entre personagens, um diante da condição do outro)* faz mais juz ao afeto que articula os personagens em questão.

glória e os unirá na desgraça (deslocando a cena presente simultaneamente para o passado feliz e o futuro funesto); e à *espada*, que servirá aos dois irmãos/amantes na luta contra *Hunding* (antecipando, então, um evento futuro). O outro exemplo que quero destacar é o do prelúdio orquestral do início do segundo ato, quando são fundidos os *Leitmotive* da *espada* e da *fuga* (este como a segunda parte do motivo de *Freia*), emergindo desta fusão o *Leitmotiv* das *valquírias*. Esta combinação une e articula uma cena ausente – a *fuga* dos irmãos/amantes, de posse da *espada* mágica – à cena que se fará, em seguida, presente: a entrada da *valquíria* Brünnhilde na trama da história, através do pedido de Wotan de que ajude Siegmund na luta contra Hunding. Além disso, o desdobramento da fusão temática *fuga/espada* no motivo das *valquírias* alude – pela continuidade da passagem entre os motivos – ao elo consangüíneo que une Siegmund, Sieglinde e Brünnhilde (irmãos por parte de pai), bem como à cumplicidade afetiva que se processará entre eles. Além de todos esses desdobramentos, há ainda a alusão que o motivo da *fuga* faz à deusa *Freia*, lançando a cena para a origem primeira de todos esses acontecimentos: não fosse a promessa de Wotan de dar a deusa Freia aos dois gigantes Fasolt e Fafner pela construção de Walhall, não teria tido que oferecer o anel como permuta no lugar da deusa, nem de gerar Siegmund para tentar recuperar o anel etc. etc..[57] Vemos aí a profusão de sentidos temporais que cada uma das cenas compreende e desenrola[58].

Em *Parsifal* não é disso que se trata. É como se o convite a uma união bem-aventurada com Deus tornasse dominante a idéia de *Tempo-Eternidade*, não no sentido do *aiôn* grego – que é o tempo da eterna construção/destruição – mas no da *temporalidade cristã medieval*,

---

57. Para maiores detalhes, cf., neste volume, o capítulo que tem por tema *O Anel dos Nibelungos*. Cf., também, o ensaio de Yara Caznók, (op. cit., p. 33-4) onde são discutidas as diferentes explicações possíveis para a derivação do motivo da *fuga* da segunda parte do motivo de *Freia*.

58. Outros exemplos dessa articulação/fusão temporal entre diferentes *Leitmotive*, n'*A Valquíria*, podem ser apreciados através dos fragmentos descritos e analisados por Yara Caznók (op. cit., p. 33-4).

onde se supõe que tudo já está dado de antemão num presente incomensurável, que engloba passado e futuro na suas asas eternas a protetoras: a própria idéia do Deus Cristão tornada tempo. Essa diferença é de extrema importância; por isso vamos nos deter um pouco aqui.

Comecemos explicitando os dois sentidos gregos do termo *aiôn*: o primeiro é o de "tempo sem idade, eternidade"; o segundo, o de "medula espinal, substância vital, esperma, suor"[59]. No pensamento de Heráclito de Éfeso, o termo designa "o tempo sem idade, a eternidade" que se expressa num ciclo interminável de construção/destruição, como no jogo inocente de uma criança, que faz castelos de areia à beira-mar[60]. *Eterno*, pois, aí – como assinalou Nietzsche – é *o* vir-a-ser e perecer, *o* construir e destruir, sem nenhum discernimento moral, na completa inocência do jogo do artista ou da criança[61]. Nesse sentido, pode-se dizer que *aiôn* é puro devir, um tempo de criação e de transformação. É nesse *aiôn* heraclitiano que Nietzsche se inspira para a construção da noção de *eterno retorno*, descrita a partir dos seus ciclos de construção/destruição, de vir-a-ser/perecer, como "um mar de forças tempestuando e ondulando em si próprias, eternamente mudando, eternamente recorrentes, (...) mundo *dionisíaco* do eternamente-criar-a-si-próprio, do eternamente-destruir-a-si-próprio..."[62]. O outros sentidos gregos de *aiôn* podem, então, ser associados ao movimento cíclico na produção da vida: "medula espinal" aludindo ao eixo vital produtor de sensibilidade e movimento e "substância vital" remetendo a produções corporais, como o "suor" – associado ao trabalho, indispensável – e o "esperma" – ligado à procriação: única eternidade possível para a vida animal (o homem aí incluído). Esta concepção heterogênea de tempo – conforme já

---

59. Cf. nota 16 de José Cavalcante de Souza in *Pré-Socráticos*, col. Os Pensadores, Abril, 1978, p. 84.

60. Aforismo 52: "Tempo (*aiôn*) é criança brincando, jogando; de criança o reinado", trad. de José Cavalcante de Souza, *Pré-Socráticos*, op. cit., p. 84.

61. Nietzsche, F. *A filosofia na época da tragédia grega* in *Pré-Socráticos*, op. cit., p. 107.

62. *Nietzsche - Obras Incompletas*, "O Eterno Retorno", aforismo 1067, col. Os Pensadores, Abril, 1978, p. 397.

disse – é característica da estrutura *trágica* d'*O Anel dos Nibelungos* (da qual o segundo ato de *Parsifal*, de alguma forma, se aproxima pelo uso pronunciado dos elementos cromáticos na forma de composição musical, além da forma peculiar de utilização dos *Leitmotive*).

Outra coisa é o Tempo-Eternidade que constitui a maior parte de *Parsifal*, que é o tempo do *Eterno Presente*, o tempo-tornado-espaço[63]. Aí tudo já está dado de antemão pela Graça Divina e o fluxo temporal só pode caminhar no sentido de atingir a completude e a perfeição daquilo que já é (ou, no sentido inverso, de corrompê-lo, produzindo espaços marcados pelo pecado)[64]. É, pois, fundamental, ao se falar de *eternidade*, distinguir o sentido heraclitiano, trágico, desse sentido cristão medieval, radicalmente diferente do primeiro.

Ao desenrolar esse Tempo–Eternidade, a música de *Parsifal* cria, na maior parte do tempo, uma atmosfera etérea, induzindo à contemplação e à paz de espírito, abandonando a vertigem tempestuosa dos afetos e substituindo-a pela serenidade da união mística. Isso não

---

63. Deleuze, na *Lógica do Sentido* (op. cit.), quando define *cronos*, distingüindo-o de *aiôn*, fala-nos de um tempo desse gênero: "De acordo com Cronos, só o presente existe no tempo. Passado, presente e futuro não são três dimensões do tempo; só o presente preenche o tempo, o passado e o futuro são duas dimensões relativas ao presente no tempo. É o mesmo que dizer que o que é futuro ou passado com relação a um certo presente (de uma certa extensão e duração) faz parte de um presente mais vasto, de uma maior extensão ou duração. Há sempre um mais vasto presente que absorve o passado e o futuro"(p. 167). Embora a definição deleuziana contemple o universo grego, onde "o maior presente, o presente divino" remete-nos ao Zeus cósmico, nada nos impede de considerar a *temporalidade medieval cristã*, constituinte de *Parsifal*, como uma diferenciação desse mesmo tipo de temporalidade.

64. A análise realizada por Yara Caznók *(Ouvir Wagner*, p. 69-73), demonstrando como os vários *Leitmotive*, em *Parsifal*, são expansões e transformações do grande *Leitmotiv* do *Banquete*, reforça ainda mais a idéia de que, nessa obra, tudo já está dado de antemão (pelo menos enquanto idéia básica), tudo é desenvolvimento de algo pré-formado, nos limites de um *espaço* que engloba tudo. Essa pregnância espacial é tão forte que pode sugerir-nos a idéia paradoxal (também desenvolvida por Yara: op. cit., p. 65) de que, em *Parsifal*, trata-se de *"ouvir o espaço"* ou de *"ouvir no espaço"*, revolucionando o sentido eminentemente *temporal* tradicionalmente associado à experiência de audição.

significa, entretanto, que a maestria musical seja menor aí, ou seja, homogeneizar o tempo não equivale a produzir uma música menos elaborada; significa, simplesmente, desdobrar *todos* os recursos musicais/poéticos numa outra direção: a da constituição dessa atmosfera etérea, transparente, essa leveza flutuante, que levou Debussy a afirmar, certa vez, que a partitura de *Parsifal* soava como se fosse "iluminada por detrás". Em vez da exuberância proliferante do mundo, a beleza suspensa numa dimensão quase-estática: imagem musical da *Eternidade Cristã*[65].

A entrada em cena do Reino do Mal, no segundo ato, traz à tona justamente aquilo que esse Eterno Presente, essa atmosfera mística, tenta camuflar, ou seja, o desejo, a heterogeneidade das paixões. A vitória de Parsifal será conseguir escapar dessas "tentações" e recuperar a lança sagrada, em proveito da Eternidade Divina.

O herói será, inicialmente, disputado pelas flores/mulheres do jardim, até o surgimento de Kundry, totalmente transformada em função da sua missão[66]. Ela começa o processo de sedução nomeando o herói, até então sem nome:

PARSIFAL
Chamaste-me, eu que não tenho nome?

KUNDRY
Eu te chamei, tolo e puro,
"Fal parsi",
tu, puro e tolo, "Parsifal"[67].

---

65. Segundo a análise de Yara Caznók (op. cit., p. 59), há em *Parsifal* (quando comparada ao *Anel*) uma maior *homogeneidade musical* (especialmente nos atos I e III), produzida pela fusão de timbres, formando um amálgama de massas sonoras, na simultaneidade. Mas isso não significa, de forma alguma, uma achatamento ou empobrecimento na composição musical, apenas a busca de um efeito diferente, para expressar sentimentos diferentes.

66. Segundo Barry Millington, esse episódio está baseado num acontecimento central da vida do Buda quando, num período que antecede à sua Iluminação, o tentador Mara tentou desviá-lo do seu caminho, jogando em cima dele as suas sedutoras filhas e os seus guerreiros armados (cf. Millington, B. op. cit., p. 356).

67. Wagner, R. *Parsifal*, op. cit., p. 835.

A chamada de Kundry, ao mesmo tempo em que nomeia, revela o sentido do nome e relembra Parsifal de sua mãe, tal qual aparece no seu comentário: "Parsifal...? Assim minha mãe, um dia, em sonho me chamou"[68].Esta será, aliás, uma das estratégias da feiticeira: evocar a lembrança da mãe, contar-lhe dos seus sofrimentos e da sua morte, em total abandono, levando-o a sentir-se angustiado e culpado:

PARSIFAL *(cada vez mais tristemente)*
Minha mãe, como pude esquecer minha mãe!
Ah! que mais precisei esquecer?
Resta-me alguma outra lembrança?
Só uma tolice obscura vive em mim!

KUNDRY
A confissão
fará a culpa terminar em arrependimento,
o conhecimento
transformará a tolice em saber.
Conhece agora o amor
que envolveu Gamuret
quando o ardor de Herzeleid
o inundou com uma onda ardente!
Aquela que outrora te deu
corpo e vida,
diante de quem a morte e a tolice devem ceder,
ela te oferece
hoje
– derradeiro sinal de benção materna –
o primeiro beijo...de amor.
(Ela debruçou a sua cabeça sobre a dele e coloca agora seus lábios sobre a boca dele, em um longo beijo)[69]

É importante perceber, aqui, como a sedução de Kundry usa da reminiscência viva da mãe para se colocar no seu lugar e se fazer passar

---

68. Idem ibidem, p. 834.

69. Idem ibidem, p. 836-7. Os nomes Gamuret e Herzeleid são, respectivamente, do pai e da mãe de Parsifal.

por ela, na preparação do beijo sedutor. Sua ação produz algo bastante próximo daquilo que, mais tarde, Freud descreveria sob o nome de *transferência*, usada aqui de forma muito engenhosa frente aos propósitos da sedução, especialmente se lembrarmos da total ignorância de Parsifal sobre qualquer lei ou regra moral. Entretanto, num universo sagrado, onde tudo já está temporalmente dado enquanto *essência*, não será difícil para o nosso herói safar-se desta sedução, pois ele *atualizará* na sua consciência a relação entre o ato da sedução e a ferida de Amfortas ou, noutros termos, a relação entre a ferida sangrenta do rei e o incêndio que sente no coração, sob a forma de desejo. Através disso, adquirirá uma *consciência moral*, qualificando o seu desejo como "paixão impura".

> PARSIFAL *(ele se sobressalta, presa de um grande terror; pode-se ler sobre os seus traços a terrível metamorfose que lhe aconteceu: pressiona violentamente as mãos sobre o coração, como para superar uma dor dilacerante; finalmente explode).*
> Amfortas!
> A ferida! A ferida!
> Ela queima em meu coração!
> Oh, lamento! lamento!
> Lamento medonho!
> Seu grito surge do íntimo do meu ser
> Oh! Oh!
> Infeliz! O mais miserável dos homens!
> Eu vi sangrar a chaga:
> Ela sangra agora em mim –
> Aqui...aqui!
> Não, não! Não é a chaga,
> Seu sangue verte abundantemente!
> É aqui! Aqui, no meu coração, o incêndio!
> O desejo, o desejo espantoso
> que toma todos os meus sentidos e os domina!
> Oh – tormento de amor!
> Como tudo treme, se arrepia e palpita
> com uma paixão impura![70]

---

70. Idem ibidem, p. 837.

Curioso que, da associação entre a ferida produzida por uma lança e o desejo, possa decorrer o sentido moral que se segue. Como é que o nosso herói passa da associação entre *ferida* e *desejo* à avaliação da *impureza* da paixão? A sabedoria que essa associação primeira poderia produzir, numa situação corriqueira, é a de que o desejo dói como uma fisgada, ou como uma ferida, metáfora esta tão antiga quanto a mitologia grega, se nos lembrarmos das flechas de amor do deus Eros. Não parece ser, pois, dessa relação que a avaliação da impureza da paixão decorre. Poderíamos, então, pensar que é o caráter *incestuoso* do beijo – porque associado à mãe – que produz a sensação de impureza. Entretanto, Parsifal é descrito, desde o início, como tolo, selvagem, alheio a quaisquer regras morais[71]. Além disso, se a evocação da mãe acaba, inicialmente, por confundi-la com Kundry é obvio que, no momento em que Parsifal escapa ao encantamento, a confusão desaparece; assim mesmo que a vivência incestuosa fosse aqui possível (o que não parece ser o caso) ela tenderia a desaparecer no momento em que, cessado o encantamento, ocorre a diferenciação entre as figuras de Kundry e a da mãe. Eliminadas essas hipóteses explicativas, resta como último recurso, supor que a paixão é avaliada como impura porque *a sexualidade está, desde sempre, identificada ao pecado,* ou seja, que essa "verdade" é uma *essência* pré-determinada que, simplesmente, se atualiza na consciência de Parsifal; só algo desse gênero pode justificar a forma quase mágica da produção da moralidade no espírito do herói. É impossível, pois, negar que nos encontramos numa concepção de

---

71. Aí, a hipótese de uma vivência marcada pela presença do *incesto* pressuporia uma educação moral e nada leva a supor que Parsifal a possuísse (inclusive porque, muito cedo, ele saiu de casa para correr mundo). E eu não quero cometer aqui uma imprudência análoga à de Didieu Anzieu com a tragédia de Édipo, querendo forçar a interpretação em um suposto complexo de Édipo no herói grego, quando todas as evidências levavam a concluir o contrário (cf. nesse sentido: "Édipo sem complexo" in Vernant, J. P. & Naquet P.-V. *Mito e Tragédia na Grécia Antiga,* Livraria Duas Cidades, São Paulo, 1977, p.63-81).

mundo de inspiração platônico-cristã, implicando a idéia de uma *moralidade essencial*, como constitutiva do humano[72].

É a partir dessa consciência moral, ainda fresquinha, que Parsifal será tomado de intensa *piedade* pelo rei Amfortas e que penetrará naquilo que o cristianismo considera a maior de todas as sabedorias, qual seja, a *"descoberta" de Deus*, num ato de *conversão*. Tal qual dizia a profecia: "Através da piedade, o puro e tolo adquire saber". Essa sabedoria se dará por uma espécie de compreensão retrospectiva da cerimônia do Graal:

> *(Enquanto Kundry, assustada e estupefata, fixa os olhos nele,*
> *Parsifal prossegue numa espécie de êxtase; em voz baixa, com terror.)*
> Seu olho terno está fixado no cálice santo:
> o sangue sagrado tinge-se de púrpura,
> a embriaguez da redenção transpassa e faz tremer todas as almas,
> com uma doçura divina;
> num coração somente, o tormento se obstina.
> Eu ouço lá em baixo o lamento do Salvador,
> o lamento! ah! o lamento
> clamando pela perfídia da relíquia santa:
> "salva-me, salva-me
> dessas mãos manchadas pelo pecado!"
> Assim clamava o lamento do Senhor,
> ressoando, terrificante, na minha alma:
> e eu? Eu, o tolo, eu o frouxo!
> Fui um jogo infantil para selvagens!
> *(Tomba sobre os joelhos, desesperado)*
> Redentor! Senhor da salvação! oh Salvador!
> Como um pecador pode pagar pelo seu erro?[73]

---

72. Ao assumirmos a continuidade entre platonismo e cristianismo, estamos apenas retomando um tema bastante discutido por Nietzsche em seus escritos: Sócrates e Platão fundam as bases da *metafísica* e da *moral*, ao criar critérios transcendentes para avaliar o mundo. Esses critérios seriam retomados e desenvolvidos pelo cristianismo através da postulação de um *além-mundo* (céu, inferno, purgatório) e da noção de *pecado*. Essa moralidade, que constitui as subjetividades desde então, tingiu-se com cores universais - com o passar do tempo - passando a ser vista como constitutiva da "natureza humana".

73. Wagner, R. *Parsifal*, op. cit., p. 837.

Aqui se pode ver como a piedade produz, sem qualquer mediação, a iluminação retrospectiva de tudo o que antes Parsifal não pudera compreender. E como nosso herói adquire, num só lance, noções complexas, como as de "Salvador", "Redentor", "pecador", o que corrobora a hipótese levantada antes sobre a formação da consciência moral[74]. Nesse sentido, é possível afirmar que a conversão de Parsifal representa apenas a entrada num universo de saberes previamente dados, aos quais para se ter acesso basta um certo tipo de sintonia especial: no caso, a piedade enquanto forma de *com-paixão*. Através dessa paixão-vivida-com-Amfortas, sintonicamente, é como se toda a sabedoria cristã que constitui a alma do rei se estendesse à alma de Parsifal, mediada, sem dúvida, pela Graça Divina. A conversão consiste precisamente nisso.

Escapando aos encantos de Kundry, Parsifal conseguirá, então, destruir Klingsor e o seu jardim do Mal. E sairá em peregrinação, para devolver a lança sagrada ao Reino do Graal. Entretanto, o sentido desta peregrinação está bastante distante daquela do herói trágico. É importante, pois, precisarmos essa diferença.

A tragédia *Édipo em Colono*, de Sófocles, nos dá um belo exemplo do sentido trágico. A trama se desenrola justamente no final da peregrinação de Édipo (que, após a descoberta dos seus crimes, havia furado os olhos e saído pelo mundo, acompanhado pela filha Antígona). Podemos, então, perceber que, perambulando como um mendigo por um tempo indefinido, Édipo foi conquistando, paulatinamente, o acesso a uma *dimensão invisível da realidade* à qual estivera cego até então; a morte do sensorial/visível e a peregrinação deram-lhe acesso a essa dimensão mais fundamental: a das forças cósmicas que, na sua invisibilidade, regem o universo. Édipo transmutou-se, pois, num vidente.

Também Wotan (outro exemplo de herói trágico), quando torna-se um andarilho em *Siegfried*, está sofrendo uma de suas mortes e transmutações, decorrente da diferenciação/separação da filha Brünnhilde, que tirou-lhe parte da força e da onipotência. Como

---

74. Nesse sentido, mesmo que *Parsifal* possa estar eivado de influências budistas e pagãs, a forma final que o texto assumiu carrega o tom *moral* característico do cristianismo, expresso nas máximas de São Paulo.

andarilho – o herói sem lugar – ainda enfrentará Siegfried, tendo, então, a sua lança – gravada com as leis do mundo – quebrada pelo herói. Com a perda da lança (com todo o sentido simbólico que ela possui), Wotan praticamente desaparece de cena n' *O Anel dos Nibelungos*. Mas aceita o seu fim com alegria e serenidade[75].

Desta forma, as peregrinações de Édipo e de Wotan funcionam, cada uma à sua maneira, como articuladoras das forças do *destino*, servindo como mediação transmutadora do espírito, inicialmente arrogante, cheio de desmesura, de ambos os heróis, em direção a uma capacidade maior de *amor fati*.

Em *Parsifal* não é disto que se trata: as provações e os sofrimentos vividos na peregrinação não têm por função operar essa transmutação, mas colocar à prova a sua coragem, a sua determinação, a sua incorruptibilidade, na defesa da relíquia sagrada. Essa força conquistada, poderíamos, então, denominá-la *devoção a um Bem Supremo*. Não é por acaso, pois, que, ao contrário de Édipo que começa como rei e termina como indigente (necessitando do acolhimento hospitaleiro de Teseu, rei de Atenas), Parsifal comece como indigente e termine como rei (do Reino do Graal). Também não é por acaso que, ao contrário do herói trágico que vai perdendo gradativamente a onipotência ao se perceber sujeito às injunções do destino, Parsifal torna-se cada vez mais onipotente, mesmo que essa onipotência venha disfarçada de devoção. Veja-se, nesse sentido, a passagem do terceiro ato, quando o herói chega ao Reino do Graal e é informado da morte de Titurel, privado da cerimônia do cálice sagrado, dada a negação/impossibilidade de Amfortas de realizá-la. *Onipotentemente*, coloca-se como culpado por isso: "E fui eu...fui eu que suscitei essa infelicidade! Ah! Quais pecados, quais faltas criminosas sobrecarregaram, desde a eternidade, esta cabeça de tolo, para que nenhuma expiação, nenhum arrependimento arranque a catarata dos meus olhos e que, consagrado a lhes trazer a libertação eu veja desaparecer o último caminho da salvação, perdido numa errância selvagem!"[76].

---

75. Cf., para detalhes, o capítulo anterior, que tem por tema esse drama-musical.

76. Idem ibidem, p.844.

Ou seja, se no herói trágico a catarata dos olhos é arrancada pela aprendizagem da humildade, pela relativização de qualquer poder individual frente às forças inexoráveis do destino, Parsifal espera, ao contrário, uma "retirada de catarata" que lhe permitisse, cada vez mais, exercer poderes incomensuráveis em proveito da causa sagrada. Como já se disse antes, a *culpa* carrega sempre, como corolário, uma vivência de *onipotência*: só se sente culpado aquele que julga que poderia ter agido diferentemente, ou seja, que não consegue assumir as suas próprias limitações como agente, frente à conjunção de forças geradora do ato em questão.

Após todas essas considerações, é possível constatar que *Parsifal* não possui, de fato, uma *temporalidade trágica*, mas quiçá uma *temporalidade dialética*[77].

Na obra trágica, o humano está sempre dilacerado por forças que o transcendem de ponta a ponta, numa luta sempre mal sucedida contra o destino e a morte, onde a sabedoria do herói – conquistada a duras penas – consiste justamente em acolher e sofrer esse destino, única forma de transcendê-lo. Tal sabedoria é, pois, conhecimento da cegueira que caracteriza a *hýbris*, a desmesura – que faz o herói exceder em seus poderes – e a aceitação de uma esfera invisível, de forças independentes e incontroláveis, como lugar de onde a vida se gera e se rege: a dimensão de *anánke* (necessidade) ou *môira* (destino), da qual os deuses são guardiães, mas à qual eles mesmos estão sujeitos. A tragédia assinala, pois, o embate contínuo entre essas forças e a vontade humana, obrigando a última a curvar-se frente às primeiras, numa aceitação dessa *alteridade* no interior da vida. Aceitar e acolher essa alteridade significa, então, aceitar e acolher o desconhecido, o estranho, o caos, que transpassa tudo com seu *ciclo eterno de construção/destruição* mas que, ao ser acolhido, torna-se imanente e devém força criadora (como no caso de Édipo que, a partir dessa aceitação, torna-se um vidente). Nesta

---

77. As diferenças entre a *temporalidade trágica* e a *dialética* foram bastante trabalhadas por Gilles Deleuze no livro *Nietzsche e a filosofia* (Editora Rio, Rio de Janeiro, 1976), especialmente na primeira seção: "O Trágico".

direção, podemos também evocar a *temporalidade trágica* através da metáfora nietzschiana do eterno jogo de dados entre os deuses e os homens, através do qual cada instante torna-se capaz de afirmar, ao mesmo tempo, o *acaso* (pelas combinações possíveis inerentes ao jogo) e a *necessidade* (uma única combinação formada em cada caída das peças). É essa conjunção, afirmada na pura *inocência* – e a sua aceitação por parte do herói – que produzem o *devir trágico*[78].

Parsifal não tem nenhum parentesco com essa forma de temporalidade. Aí temos o universo cindido em dois mundos que se opõem, mas que não são o divino e o humano, nem tampouco o das forças do destino e o da *hýbris*. A divisão está instalada dentro do próprio universo humano e é uma divisão *moral:* o Bem de um lado, o Mal de outro, como dois mundos que se negam e se contradizem, mas que aspiram sempre a uma reconciliação. Assim, Klingsor quer possuir, integrar ao seu jardins, as relíquias sagradas, o que significa integrar aí o reino do Bem, negado e transformado. Por outro lado, o Reino do Graal almeja destruir o reino do Mal, integrando a si próprio o que restar dessa destruição, devidamente transformado (Kundry, por exemplo, acaba por se tornar um desses elementos). A luta que se trava em *Parsifal* é, pois, uma luta inscrita numa *temporalidade dialética,* onde a negação operada por um dos lados sobre o outro (o reino do Bem negando e destruindo o reino do Mal, enquanto reino do não-Bem) gera contradição e negação do lado que inicialmente negava, levando, no final, ao surgimento de um terceiro ente (um reino unificado, diferente dos dois iniciais). E, como não poderia deixar de ser, nessa dialética, a síntese final já está previamente determinada, pois representa a vitória do *Absoluto Primordial: Deus*, levado, finalmente ao estatuto que, desde o início e por direito, é seu[79]. Para realizar essa

---

78. A metáfora nietzschiana aparece em *Assim falou Zaratustra*, III, "Os sete selos" e recebe instigante interpretação de Gilles Deleuze na obra antes citada.

79. Esse *Absoluto Primordial (=Deus)* conquista o seu lugar através do *Presente Incomensurável* que, com o desenvolvimento do processo, vem englobar todos os outros tempos. A *dialética* se desenrola, pois, visando unicamente a essa totalização temporal: celebração e glória desse Absoluto Divino na consciência dos homens.

síntese, é necessário um elemento mediador que possa atravessar todo o processo, indo de um extremo a outro, podendo negar e ser negado, transformar e ser transformado; Parsifal será esse elemento, pois a sua pureza e castidade tornam-no tábula rasa para essa passagem integratória pelos diferentes reinos. Com a síntese final atingida, a sabedoria conquistada é, então, o oposto da trágica: não o acolhimento da alteridade, do caos, mas a paz, no mundo da Graça Divina, onde todas as regras já estão dadas de antemão, onde reina o nirvana schopenhaueriano: a serenidade conquistada pela abolição dos desejos, numa união bem-aventurada com a Divindade.

A música de *Parsifal* é da mais belas que Wagner compôs e Nietzsche reconhecia isso: "A música, nova Circe...Sua última obra é, sob esse ângulo, sua maior obra-prima. *Parsifal* guardará sempre seu lugar na história da sedução, aquela de um *golpe de gênio* na arte de seduzir... Eu admiro essa obra, eu gostaria de tê-la feito"[80]. Isso, entretanto, aos olhos do filósofo, era apenas um agravante a mais: "O refinamento na aliança entre a beleza e a doença aí vai tão longe que lança uma sombra sobre os inícios da arte wagneriana..."[81]. A que doença, poderíamos perguntar, Nietzsche se refere? Àquela que ele considerava a pior de todas: a disseminada pela *moral de rebanho*. Para ele, uma obra capaz de usar de tamanho refinamento estético para propagar valores niilistas como a castidade, a piedade ou para reforçar o desejo de um mundo ilusório, pacificado por um Deus também ilusório, era pura perversão cultural.

Segundo Nietzsche, o mundo terreno – o único existente – realiza-se sempre por um combate contínuo e interminável entre campos de forças, entre valores; mais do que isso, esse combate constitui o próprio devir criador desse mundo (como, aliás, pensava, também, Heráclito de Éfeso). O ideal de um mundo pacificado constituía, pois, aos seus olhos, apenas um bálsamo imaginário,

---

80. Nietzsche, F. *Les Cas Wagner* in *Oeuvres Philosophiques Complètes*, Gallimard, Paris, 1974, vol.VIII, p. 47-8.

81. Idem ibidem.

aspirado pelos fracos, pela sua moral gregária. Como um dos maiores críticos dos valores cristãos, Nietzsche costumava questioná-los de forma bastante polêmica e contundente; como este fragmento, em que pergunta àqueles que pregam a piedade:

> A disciplina do sofrer, do *grande* sofrer – não sabem vocês que até agora foi *essa* disciplina que criou toda excelência humana? A tensão da alma na infelicidade, que lhe cultiva a força, seu tremor ao contemplar a grande ruína, sua inventividade e valentia no suportar, persistir, interpretar, utilizar a desventura, e o que só então lhe foi dado de mistério, profundidade, espírito, máscara, astúcia, grandeza – não lhe foi dado em meio ao sofrimento, sob a disciplina do grande sofrimento?[82].

Nietzsche chegou a aspirar que *Parsifal* fosse uma brincadeira, um drama satírico, uma deliberada paródia do trágico consigo mesmo[83]. Todo os cerimoniais religiosos que cercaram a obra, por desejo do próprio Wagner, mostraram que não se tratava disso.

Imunes a estas questões, muitos críticos chegam a considerar *Parsifal* como a obra-prima do músico/poeta alemão. Não é meu objetivo, aqui, contestar tal avaliação, muito embora eu tenha – sem sombra de dúvida – maiores afinidades estéticas com as obras trágicas de Wagner (*O Anel dos Nibelungos* e *Tristão e Isolda*). De qualquer forma, é difícil deixar de ver, em *Parsifal*, uma das expressões exemplares de uma certo tipo de *arte*. Nunca ninguém foi tão longe no terreno da música lírica, em refinamento ou maestria musical, e a obra resiste ao tempo e às críticas, permanecendo, até hoje, como um marco na história da ópera. Que possa estar a serviço do *ideal ascético* – como considerava Nietzche – isso não parece ter contado

---

82. Nietzsche, F. *Além do Bem e do Mal*, Cia. das Letras, São Paulo, 1992, aforismo 225, p. 131.

83. Cf. Nietzsche, F. *Genealogia da Moral*, Brasiliense, São Paulo, 1988, terceira dissertação, aforismo 3, p.109.

muito para diminuir ou colocar em xeque a sua popularidade. Afinal, o mundo contemporâneo parece necessitar, cada vez mais, de uma representação do *Absoluto,* como forma de preencher as lacunas, os vazios gerados pelo esvaziamento crescente de sentido da vida.

É, pois, provável que – *a cause* do seu inegável refinamento estético – *Parsifal* possa funcionar como uma espécie de bálsamo para as ulcerações produzidas pelo *niilismo* contemporâneo[84]. Amfortas, agonizante, aliviando-se com os bálsamos de Kundry: tema que se desdobra do interior da obra para dar forma à sua função cultural, à atuação balsâmica na produção desse alívio temporário, realizada pelo drama-musical na feridas da subjetividade contemporânea. Ecoando, aos quatro cantos do mundo, a inexorabilidade do sentimento de culpa como a grande ferida que nos dilacera, aquela que nunca se fecha, que eternamente aspira a uma redenção. Nesse sentido, é possível dizer que a obra se volta sobre si própria, como um imenso espelho refletor projetando o dentro no fora, o fora no dentro, num círculo contínuo de auto-referência, sem dúvida, mais uma das formas de representação do Absoluto e de sua razão auto-suficiente.

Entretanto – como não poderia deixar de ser – apesar do efeito balsâmico operado pela música/poesia serena e envolvente de *Parsifal,* seu alívio é temporário: o niilismo e seu mal-estar decorrente persistem; mais do que isso, intensificam-se. A ferida continua aberta, à espera de um redentor, pois o tempo do Eterno Presente ainda não está consumado. Aspira-se a alguém que possa realizar essa empreitada: Parsifal, o herói casto e tolo. O que, sem dúvida, pode gerar uma *compulsão à repetição* da obra, alimentando cada vez mais a sua fama e popularidade.

---

84. Um dos mais belos estudos sobre o *niilismo*, da perpectiva nietzschiana, pode ser *encontrado* no livro de Oswaldo Giacóia Jr. *Labirintos da Alma – Nietzsche e a auto-supressão da moral*, Campinas, Editora da Unicamp, 1997. Sobre o *niilismo* na contemporaneidade, cf. Naffah Neto, A. "Violência e ressentimento: a psicanálise diante do niilismo contemporâneo" in Cardoso, I. e Silveira, P. (org.) *Utopia e Mal-Estar na Cultura: Perspectivas Psicanalíticas*, São Paulo, Hucitec, 1997.

De qualquer forma, sempre existirão, para o ouvinte/expectador contemporâneo, a possibilidade de *múltiplos* Wagners: o de *Tristão*, o d'*O Anel*, o de *Parsifal*, além de todos os anteriores: o de *Rienzi*, o de *Tannhäuser*, o de *Lohengrin*, o do *Navio Fantasma* etc, todas obras complexas, desafiando sempre a capacidade dos críticos. O que pretendi, nesses ensaios, foi apenas alinhavar algumas perpectivas *possíveis* de visão/escuta, dando forma e atualidade a certos *ecos nietzschianos*. A avaliação "final", entretanto, será sempre aquela feita ao vivo, em cada *nova* audição, em cada *nova* representação; ou seja, na degustação do Wagner de cada dia. Como acontece, aliás, com tudo de importante e de valioso no universo das artes, da música em especial.

Fontes bibliográficas das ilustrações

1. Camner, James. *The Great Opera Stars in Historic Photographs*, New York, Dover Publications, Inc., 1978.
   Fotografia da capa e 8.
2. *El libro Victrola de la Ópera – argumentos de las Óperas com ilustraciones y descripciones de los Discos Victor de Ópera*, R.C.A. Victor Company, Inc., Candem, N. J., 1930.
   Fotografias 6 e 7.
3. Encarte do CD: Friedrich Nietzsche. *Lieder, Piano Works, Melodrama,* Dietrich Fischer-Dieskau/Aribert Keimann & Elwar Burde – Piano, Philips, 426 863 – 2.
   Fotografia 2.
4. Encarte do CD: Shchedrin. *Carmen Suite, Concerto for Orchestra "Naughty Limericks"*, Ukrainian State Symphony Orchestra, Theodore Kuchar, Naxos, 8.553 038.
   Fotografia 3.
5. *Opera News*, 22 de março de 1997.
   Fotografia 4.
6. *Opera News*, novembro de 1998.
   Fotografia 5.
7. Tubeuf, André. *Wagner – l'opéra des images*, Chêne, 1993.
   Fotografias 1, 9, 10 e 11.

Este livro acaba de ser composto em garamond e
Futura Lt BT na Musa Editora, em agosto de 2000
e impresso pela Bartira Gráfica
em São Bernardo do Campo, SP-Brasil,
com filmes fornecidos pelo editor.